FATOR HUMANO

Cesar Bullara

INSIGHTS PARA
Pensar, Decidir e Liderar
COM CONSISTÊNCIA

FATOR HUMANO

INSIGHTS PARA *Pensar, Decidir e Liderar* COM CONSISTÊNCIA

Cesar Bullara

www.dvseditora.com.br
São Paulo, 2024

FATOR HUMANO

DVS Editora 2024 – Todos os direitos para a língua portuguesa reservados pela Editora.

Nenhuma parte deste livro poderá ser reproduzida, armazenada em sistema de recuperação, ou transmitida por qualquer meio, seja na forma eletrônica, mecânica, fotocopiada, gravada ou qualquer outra, sem a autorização por escrito dos autores e da Editora.

Preparação e Revisão de Textos: Algo Novo Editorial

Design de capa, projeto gráfico e diagramação: Bruno Ortega/BRO® studio

Dados Internacionais de Catalogação na Publicação (CIP)
(Câmara Brasileira do Livro, SP, Brasil)

Bullara, Cesar
    Fator humano : insights para pensar, decidir e liderar com consistência / Cesar Bullara. -- 1. ed. -- São Paulo : DVS Editora, 2024.

    Bibliografia.
    ISBN 978-65-5695-140-9

    1. Comportamento humano 2. Insight 3. Liderança 4. Mudança de comportamento 5. Virtudes 6. Valores (Ética) I. Título.

24-238663   CDD-158.1

Índices para catálogo sistemático:

1. Valores humanos : Psicologia aplicada 158.1

Aline Graziele Benitez - Bibliotecária - CRB-1/3129

Nota: Muito cuidado e técnica foram empregados na edição deste livro. No entanto, não estamos livres de pequenos erros de digitação, problemas na impressão ou de uma dúvida conceitual. Para qualquer uma dessas hipóteses solicitamos a comunicação ao nosso serviço de atendimento através do e-mail: atendimento@dvseditora.com.br. Só assim poderemos ajudar a esclarecer suas dúvidas.

SUMÁRIO

AGRADECIMENTOS 9

PREFÁCIO 11

COMO MANTER-SE RELEVANTE NA ERA DA INTELIGÊNCIA ARTIFICIAL? 15

1. O FATOR HUMANO 23

A ALMA HUMANA À LUZ DA FILOSOFIA CLÁSSICA 26

AUTOCONHECIMENTO E AUTOGOVERNO 27

OS TRÊS "IS" DA INTELIGÊNCIA HUMANA: INTUIÇÃO, INSPIRAÇÃO E INSIGHT 29

TRÊS INSTÂNCIAS FUNDAMENTAIS DA EXPERIÊNCIA HUMANA 31

A liberdade 32

A consciência 35

A verdade 37

2. INSIGHTS PARA *Pensar* COM CONSISTÊNCIA 41

UM OLHAR PARA FORA 45

A crise da liberdade 47

A crise da inteligência 48

A crise do pensamento 49

O desafio do diálogo 50

O desafio das ideologias 51

O desafio das utopias 52

O postulado niilista 53

O postulado existencialista 54

O postulado *woke* 55

UM OLHAR PARA DENTRO 57

A capacidade de pensar 58

A capacidade de deliberar 59

A capacidade de agir 60

Nossas certezas 61

Nossos preconceitos 62

Nossa soberba 63

Nosso mundo interior 64

Reflexões sobre a alma humana 65

A ARTE DE RESSIGNIFICAR 67

Sabedoria, felicidade e vida cotidiana 68

Felicidade, equilíbrio interior e virtude 69

Equilíbrio interior: a chave da resiliência 70

Vidas disfuncionais não geram felicidade 71

CONSELHO Nº 1: APRENDA A SER FELIZ 72

CONSELHO Nº 2: PRATIQUE O ALTRUÍSMO 74

3. INSIGHTS PARA *Decidir* COM CONSISTÊNCIA 75

A DIMENSÃO PSICOLÓGICA 78

A DIMENSÃO ANTROPOLÓGICA 79

NOSSAS FRAGILIDADES MORAIS 81

A NECESSIDADE DE APROVAÇÃO 82

MODELOS MENTAIS 83

O RISCO DA LIBERDADE 85

O RISCO TOTALITÁRIO 87

CONSELHO Nº 3: EXPANDA SUA MENTE 88

CONSELHO Nº 4: DESENVOLVA O PENSAMENTO CRÍTICO . . . 90

CONSELHO Nº 5: DIFERENCIE O VERDADEIRO DO FALSO . . . 91

CONSELHO Nº 6: EDUQUE A VONTADE 94

CONSELHO Nº 7: MUDE A SI MESMO 95

4. INSIGHTS PARA *Liderar* COM CONSISTÊNCIA 97

GRANDEZA DE ALMA 100

COMPETÊNCIAS MORAIS 102

IDEAIS, MEIOS E INTENÇÕES 103

A ILUSÃO NARCISISTA 104

A SEDUÇÃO DOS DADOS 105

A VERDADEIRA RESILIÊNCIA 106

OS TRÊS PILARES DA LIDERANÇA 108

CONSELHO N° 8: SEJA HUMILDE 111

CONSELHO N° 9: TENHA VALORES 112

CONSELHO N° 10: FORJE SEU CARÁTER 113

CONSELHO N° 11: PREOCUPE-SE COM AS ATITUDES 115

CONSELHO N° 12: TRANSFORME-SE PARA TRANSFORMAR 117

CONSELHO N° 13: APOSTE NO TIME 118

CONSIDERAÇÕES FINAIS 121

SOBRE O *Pensar*: BUSQUE A VERDADE 126

SOBRE O *Decidir*: TRÊS DIMENSÕES DA TOMADA DE DECISÕES 127

SOBRE O *Liderar*: O DNA DA LIDERANÇA 129

Caso: BRIDGEWATER ASSOCIATES
E O USO DE IA PARA AVALIAÇÃO DE COLABORADORES 131

BREVE HISTÓRIA DA BRIDGEWATER ASSOCIATES 132

Introdução 133

Contexto e Motivação 133

Anexo 1 139

Anexo 2 142

Anexo 3 145

20 PONTOS DE REFLEXÃO 149

O FATOR HUMANO NO SUCESSO DA BRIDGEWATER 160

BIBLIOGRAFIA 165

AGRADECIMENTOS

*E*screver um livro é como correr uma maratona. Ao longo do caminho, experimentamos dúvidas e cansaço, que são minimizados pela proximidade e pelo estímulo de bons amigos e apoiadores.

Nessa caminhada, tive a companhia de vários desses bons amigos, os quais tenho a alegria de mencionar agora. Agradeço especialmente a Fábio de Biazzi, pela sua solicitude e generosidade em dar feedbacks minuciosos; a Fernando Bagnoli, pelo tempo empregado em ler e comentar comigo sua visão da obra; a Rafael Ruiz, pela disponibilidade e assertividade em me ajudar novamente, agora com essa segunda obra; e a Renato Fernandes, pelo entusiasmo manifestado e por contribuir com suas críticas, insights e sugestões.

Agradeço também a Oscar Simões, pelo estímulo e apoio nessa jornada. Agradeço ao ISE Business School, pela oportunidade de desenvolver este projeto e por sempre estimular a busca pela sabedoria que engrandece e edifica.

PREFÁCIO

O título deste livro surge depois de muita reflexão sobre este conteúdo. Falar de fator humano em meio a um processo de grande transformação da sociedade e do mundo corporativo é fundamental. Se somarmos a presença cada vez mais massiva da inteligência artificial no nosso dia a dia, torna-se premente discutir as dimensões do humano na sociedade das máquinas.

Repensar o ser humano é, na verdade, redescobrir e recordar aspectos que nos ajudam a enfrentar os grandes desafios do nosso tempo. Não se trata de competir com a inteligência artificial, mas de entender melhor a profundidade do indivíduo.

Pensar na essência humana gera maior conhecimento de nós mesmos e nos confere melhores condições de exercer o autogoverno e de entender limites, fronteiras e interseções com a inteligência artificial. Ou seja, não há nada mais necessário que isso para a nossa época!

Não é preciso ir muito fundo para se dar conta de que vivemos num mundo onde os conceitos parecem ser cada vez mais instáveis e passageiros. Ser consistente é um grande desafio, que requer a capacidade de tomar decisões e ter muita sabedoria.

Como ter a clareza de pensamento para ler a realidade e seus contornos? Como lidar com a superabundância de dados e de informações e ser capaz de tomar boas decisões? Como liderar pessoas e organizações em um mundo em constante transformação?

Peter Drucker, após mais de meio século de significativas contribuições para o ensino do *management*, concluiu que a coisa mais importante para o sucesso de qualquer tarefa empresarial é, antes de tudo, o gerenciamento de si mesmo. Em outras palavras, para liderar outras pessoas, torna-se necessário, antes de mais nada, saber liderar a si mesmo. É preciso ser consistente na forma de pensar, na escolha dos critérios para tomar decisões e na maneira de liderar.

Todos aqueles que exercem a liderança, seja qual for o setor de atividade e o nível de responsabilidade que possuem, experimentam a profunda realidade dessas palavras.

Liderar pessoas não se resume a um conjunto de ensinamentos teóricos ou a técnicas de relacionamento. Liderar pessoas requer a capacidade de despertar nelas o desejo de contribuir e de somar.

Sabemos que não é uma tarefa fácil! Tocamos aqui o ponto central da verdadeira liderança: a capacidade de incentivar os liderados para que façam espontaneamente aquilo que devem fazer – também chamado de comprometimento, algo que requer a criação de laços de confiança muito fortes. Ninguém se compromete com quem não confia. A verdadeira liderança é capaz de gerar motivos para alguém se comprometer, e isso guarda uma relação direta com o perfil humano de cada líder.

De acordo com Jaime Balmes, filósofo espanhol do século XIX, não basta pensar muito para decidir bem; é necessário pensar corretamente. Esse é o ponto de partida da sua principal obra, *O critério*. Nela, o autor aborda questões de cunho filosófico, político e religioso, defendendo a necessidade de critérios sólidos para dirigir o pensamento e a ação humana.

Por meio dos insights deste livro, sugiro que você trilhe um caminho interior de reflexão que se inicia com um olhar atento ao ambiente que o rodeia, a fim de capturar os aspectos mais relevantes do mundo pós-moderno[1]. Portanto, contemplar a realidade

---

1   A pós-modernidade pode ser definida a partir de mudanças sociais, culturais, artísticas, filosóficas, científicas e estéticas que surgiram após a Segunda Guerra Mundial. Como características marcantes, temos a ausência de valores e regras, imprecisão, individualismo, pluralidade, mistura do real com o imaginário, espontaneidade e liberdade de expressão.

para poder conhecê-la na sua essência, utilizando o pensamento crítico. No término desta jornada, você poderá tomar decisões mais robustas, fundamentadas e sábias, além de desenvolver uma liderança legitimada por uma autoridade conquistada pelo exemplo e pelo caráter.

Convido você a olhar ao redor e ponderar sobre diversos aspectos da nossa condição humana, a começar pela liberdade de pensamento. Peço que reflita sobre a realidade de uma cultura que – ao que parece – vai perdendo aos poucos a capacidade de escutar e dialogar. Aqui, compartilho impressões e percepções da realidade que são corroboradas por muitas pessoas com as quais tenho conversado ultimamente. Trata-se de colocações com as quais você pode ou não estar de acordo, mas meu desejo é que o levem a alguma reflexão.

Após olhar para fora, ofereço também um olhar interior, que dará a você a oportunidade de se debruçar, ainda que timidamente, sobre o ser humano. Reflita sobre a sua forma de pensar e como suas crenças e seus pressupostos podem condicionar o livre pensamento e o filosofar.

Talvez, como fruto desses olhares, resulte em algo a ser ressignificado. E, em consequência, permita-se um novo olhar. Mesmo que ele esteja dirigido para as mesmas coisas, acredito que você identificará cores e contornos novos.

Como termo final dessa jornada, deixo um convite a um processo de tomada de decisão mais crítico e sensato, fruto do autoconhecimento e do autogoverno, que transformará sua maneira de liderar.

Esta é a proposta deste livro: um convite ao autoexame. Cada insight, breve e incisivo, tem por finalidade provocar reflexão e trazer desconforto, os primeiros passos para um processo de crescimento ou mudança pessoal.

Aconselho você a aproveitar cada uma das provocações aqui contidas, a fim de iniciar um diálogo interior do qual outras pessoas também se beneficiarão.

Boa leitura!

Cesar Bullara

COMO MANTER-SE RELEVANTE NA ERA DA INTELIGÊNCIA ARTIFICIAL?

A resposta a esta pergunta pode parecer contraintuitiva. Na verdade, trata-se de um dilema aparente, pois, se temos consciência das diferenças fundamentais entre o ser humano e a máquina, a resposta já está bastante encaminhada. A seguir, ofereço uma perspectiva sobre o tema.

Talvez, em um primeiro momento, pensemos que nos manteremos relevantes na era da inteligência artificial se dominarmos as suas ferramentas. Afinal, elas nos permitirão ser mais produtivos, criativos e eficientes, certo? Obviamente que tudo isso será exigido e configurará um *modus operandi* necessário, mas é preciso perceber que estamos falando de um nível muito básico, ferramental e mecânico do uso da tecnologia.

Para descobrir todo o potencial da inteligência artificial, precisamos recordar os traços fundamentais que nos diferenciam de qualquer máquina, mesmo aquelas que simulam a linguagem humana e podem responder a perguntas, escrever textos e criar códigos. Ao mesmo tempo, não podemos perder de vista que uma máquina nunca será um ser humano, uma pessoa. A máquina permanecerá sempre como o que é, ou seja, uma coisa; uma máquina nunca será um alguém.

Parte das dúvidas sobre o papel da inteligência artificial advém do desconhecimento do próprio ser humano. Temos que saber quem somos, quais são nossos atributos irrepetíveis. O termo inteligência artificial gera um mal-entendido sobre o que realmente uma máquina é capaz de fazer e se, de fato, é capaz de pensar – atributo inseparável da inteligência.

Talvez a clássica diferenciação de Descartes entre a *res cogitans* e a *res extensa* possa nos ajudar a entender a diferença entre ser humano e máquina. De modo simples, podemos dizer que o filósofo dividiu a realidade em dois tipos de substâncias: a coisa pensante (*res cogitans*) e a coisa material (*res extensa*). Ele entendia que a própria realidade possuía esses dois planos e que o plano das coisas materiais, por sua estruturação, constituía um plano diferente das coisas pensantes. Sendo a máquina uma coisa material (*res extensa*), dela nunca emergirá a coisa pensante (*res cogitans*). Cada uma dessas realidades materiais é o que é: uma coisa material é somente uma coisa material.

A coisa pensante se encontra em um plano superior ao das coisas materiais. Pensar não é um estágio superior ou evolutivo ao que as coisas materiais podem chegar. A inteligência não emerge do material, e muito menos a consciência entendida como expressão de uma interioridade ou um *self*. Não existe nenhum golpe de sorte capaz de produzir esse efeito.

Recordemos também o clássico conselho "conhece-te a ti mesmo". Se ignoramos quem somos, nossa essência e identidade únicas, como podemos compreender as semelhanças e as diferenças entre o agir humano e as operações desempenhadas por uma máquina?, O que diferencia um ser vivente pensante de um programa de computador? O que diferencia a mente humana de uma rede neural de computadores? Trata-se de entender que essas diferenças são devidas à própria natureza de cada uma dessas realidades. Voltemos a um conceito básico: cada realidade existente é definida pela sua essência, ou seja, cada coisa possui um ser. Portanto, uma máquina não é um ser humano e um ser humano não é uma máquina.

Comecemos pelo atributo humano que mais nos distingue: a inteligência – que, muitos acreditam, apresenta-se como a última fronteira no mundo das máquinas. Pensar é um atributo tão nobre e tão distintivo do ser humano que, ao ser realizado, abre portas para todas as realidades humanas: a consciência de si mesmo, a percepção do mundo ao redor e do seu valor, e o exercício da capacidade de escolha – liberdade, sobrepondo-nos a todas as formas de determinismo.

Pois bem, uma máquina é capaz disso? É capaz de viver uma vida? É evidente que não!

Existe de fato algum tipo de inteligência que surge e se origina através da interação de parâmetros e cálculos probabilísticos? No final, a inteligência humana é nada mais do que uma máquina de calcular? Obviamente não!

Para abordar esse tópico, penso ser importante dar conta do que significa ser humano. Dar conta do que somos para dar conta do que somos chamados a ser!

Evidencio a seguir, quatro pontos de reflexão sobre o ser humano:

1. **Não somos máquinas:** Vamos nos aprofundar nesse tema com a ajuda da filosofia clássica.

   Com a antropologia filosófica, que tem sua raiz no século V a.C., o chamado século de ouro da filosofia grega, aprendemos que a inteligência é uma potência (capacidade de agir) da alma humana, que é capaz de entender. Pela metafísica, área da filosofia que estuda a essência da realidade, e que tem Platão e Aristóteles como seus grandes expoentes, sabemos que cada uma de nossas ações é uma manifestação de nossas capacidades humanas.

   Feito esse preâmbulo, podemos definir a inteligência humana como potência da alma, cuja capacidade se manifesta ao conhecer a realidade e a nós mesmos. A inteligência nos abre portas para a autoconsciência e torna possível que tenhamos uma vida íntima, a expressão da própria interioridade. Nenhum animal irracional possui essa interioridade. Nenhuma máquina é capaz de apresentar interioridade.

Tal conhecimento da realidade (mundo exterior) e do nosso próprio mundo interior torna possível a tomada de decisões racionais, movidas por uma vontade livre, visando alcançar um objetivo. Uma máquina nunca agirá livremente; sempre será direcionada e programada. Como máximo, mimetizará o comportamento humano.

Poderá uma máquina, um objeto inanimado, possuir essa interioridade? Por mais desenvolvida que seja a capacidade de calcular e "prever" possíveis comportamentos dos agentes humanos, para chegar à autoconsciência a máquina necessitaria ser algo que não é: um ser humano.

2. **Somos seres vivos, pensantes e livres:** Proponho decompor cada um dos termos da definição acima. Comecemos pelo primeiro termo "ser". Por ele, entende-se uma realidade existente que possui uma essência que a define e que responde à pergunta "o que é isso?", em latim *id quod est*.

Os seres podem ser vivos ou inanimados. Dentre os seres vivos, observamos os diversos reinos biológicos: animais, plantas, fungos e bactérias, organismos unicelulares. Qualquer ser vivo é capaz de realizar algumas operações básicas, como crescimento e nutrição. Portanto, a primeira constatação é óbvia: o homem é um ser vivo; a máquina, não.

Aprendemos com os filósofos gregos o conceito de alma: primeiro princípio ativo de um ser vivo. Ou seja, aquilo que dá vida a qualquer ser vivo e confere condições de existir àquela espécie. Retomando o conceito *id quod est*, todas as coisas possuem uma essência que as define e, portanto, todas as coisas existem *secundum quid*, isto é, de acordo com o seu ser, com a sua essência.

Seguindo essa lição, dizemos que o ser humano possui uma alma, que é o primeiro princípio de um corpo orgânico. Dizemos igualmente que este princípio não é somente sensitivo ou vegetativo como nos demais reinos biológicos, mas racional - e dita racionalidade é o princípio para atuar e decidir. Com isso, chegamos ao final da definição acima: por atuar e decidir, entendemos pensante e livre. Eis o que diferencia o humano de qualquer realidade fabricada: a inteligência humana não é fabricada; é um desabrochar, uma manifestação intrínseca do humano.

Da essência de uma coisa inanimada não surge vida, e a máquina será sempre uma coisa inanimada. Portanto, nem vida nem pensamento.

3. **Pensar não é calcular:** Foi Jeremy Bentham, economista, jurista e filósofo inglês, quem formulou o conceito de utilidade. No século XVIII, firmou-se a compreensão de que os princípios da racionalidade ligados à tomada de decisões teriam seu fundamento na utilidade – conceito hoje amplamente usado na economia e que deu origem a inúmeras teorias, como a Teoria dos Jogos e o conceito de maximização da utilidade dos agentes econômicos.

Na sua origem, o princípio da utilidade, também denominado princípio de maior felicidade, é um ponto central na ética utilitarista. E por meio desse conceito, uma ação pode ser considerada boa ou correta se proporciona mais felicidade do que dor. Portanto, deve-se agir de forma a produzir a maior quantidade de bem-estar.

A felicidade, de acordo com Bentham, funciona como o "resultado de um cálculo de ações" e a "experiência de suas consequências", com um balanço final positivo em termos de satisfação de alguma necessidade. Assim como na economia, muitas vezes nos inclinamos a entender como racional uma decisão que tem forte relação com esse entendimento do conceito de utilidade. Na verdade, a racionalidade é uma das formas pelas quais a nossa inteligência, como capacidade intelectiva (de entender), se "coloca em ação". Já a utilidade é um dos conceitos que pode ajudar na validação de qualquer ação ou escolha.

Podemos dizer que a utilidade é apenas um dos aspectos presentes na tomada de decisões; existem outros, como a ética. Por ela, sabemos que o fim que buscamos deve ser bom em si mesmo, e igualmente bons e lícitos devem ser os meios empregados para alcançar tal objetivo. Entramos em um aspecto da tomada de decisões que não se refere a um puro cálculo de bens e males que se deriva de nossas ações.

4. **Nada como o ser humano para enfrentar os problemas humanos:** No nosso dia a dia, enfrentamos dois tipos de problemas: técnicos e humanos. Como é sabido, a IA já nos superou em muita coisa na resolução de problemas técnicos e em tudo o que envolve capacidade de processamento, com um impacto irreversível. Ainda assim, para muitas questões técnicas, preferimos dar a última palavra.

   Acontecerá o mesmo com os problemas humanos? Chamo de humanos aqueles problemas que envolvem respostas a questionamentos existenciais; relacionamentos interpessoais; posicionamentos e juízos de consciência; experiência de dor, medo, insegurança, felicidade, satisfação e prazer; entendimento das próprias emoções e sentimentos... Uma infinidade de aspectos que caracterizam e definem o que é não somente um ser vivo, mas uma pessoa. Tudo o que se refere às esferas emocional, psíquica e espiritual. Algo que pertence ao terreno da natureza humana mas que, de algum modo, ainda que possa ser mimetizado e codificado, nunca será humano.

   Ao longo de toda a história, foram pessoas concretas que lideraram, inspiraram e deram exemplo de humanidade. Despertaram o senso de lealdade e compromisso, de doação e integridade. Portanto, a resolução de problemas humanos sempre dependerá do indivíduo – ainda que ele se utilize de outras ferramentas para o auxiliar, mas nunca para substituir ou tornar desnecessária a sua atuação. Haverá sempre decisões indelegáveis, se não quisermos abdicar de sermos humanos.

Concluindo a ideia, não tenho dúvida de que na era da IA (inteligência artificial), o fator humano, expresso por meio das competências morais e humanas, será ainda mais importante. Para resolver os problemas que afetam organizações e instituições, o fator humano sempre será o diferencial, já que está na raiz de qualquer tomada de decisão e permeia todas as relações.

A modo de exemplo, cito cinco aspectos que ilustram como o fator humano define o caráter de qualquer liderança, algo que é próprio do humano e, portanto, não é passível de substituição por uma máquina:

1. **Sentido de propósito**: Traz à luz a integridade que deve estar presente em cada tomada de decisão.
2. **Exemplo pessoal**: Mostra a importância do *walk the talk* e, portanto, se refere à coerência entre propósito, intenção e ação.
3. **Cuidado nas relações**: Manifesta a centralidade da pessoa e o respeito devido a cada um.
4. **Capacidade de influenciar:** Torna presente a habilidade de persuadir, que exige conjugar interesses próprios com os alheios.
5. **O uso do poder:** Revela as verdadeiras motivações da liderança e seu desejo de se colocar a serviço do propósito. Tem relação direta com duas virtudes capitais: prudência e justiça.

Ao mesmo tempo, destaco três vícios que serão sempre os maiores inimigos das organizações e que demonstram a impossibilidade de eliminar ou neutralizar o fator humano:

1. **Soberba**: Caracterizada pela exaltação da própria valia e pela necessidade de excelência na comparação com os demais.
2. **Vaidade**: Definida como o desejo de ser admirado e de atrair a atenção dos outros.
3. **Inveja:** Manifesta-se no incômodo pelo sucesso ou realizações dos outros.

Sempre teremos que lidar com esses três vícios que minam qualquer cultura corporativa, intoxicando mentes, contaminando relações e impregnando ações e decisões. E tal tarefa sempre será humana!

Os capítulos a seguir abordam os diversos aspectos do humano, para que possamos nos dar conta da nossa unicidade, tendo presente e reconhecendo os atributos mais fundamentais do humano.

Somos relevantes, e sempre o seremos! E isso se manifesta por meio do que temos de mais distintivo: nossa capacidade de tomar decisões. Os diversos insights oferecidos neste livro têm por finalidade despertar a consciência de quem somos, para chegarmos a ser quem devemos ser.

1.
O FATOR HUMANO

A abordagem adotada neste livro é proposta pelo pensamento grego clássico, no qual as virtudes humanas, principalmente a prudência e a sabedoria prática, ocupam o lugar central de todo o processo de desenvolvimento pessoal.

O ideal de excelência no agir e a noção clássica de virtude são as coordenadas básicas que estabelecem uma visão do ser humano como ser livre e responsável por seus atos e decisões.

Nossa intenção é refletir, do ponto de vista filosófico, sobre os aspectos mais fundamentais que moldam a personalidade de cada indivíduo, constituindo pontos de apoio importantes para o exercício da liderança.

Para isso, vamos nos servir do pensamento filosófico da Grécia antiga e de seu entendimento do ser humano, a fim de estimular a reflexão sobre o processo de tomada de decisões em todos os âmbitos da vida, mas, sobretudo, no âmbito profissional.

Dessa forma, teremos a ocasião de refletir como o ser humano, sendo essencialmente o mesmo de sempre, traz em si a potencialidade de interagir com um mundo em permanente mudança.

No ser humano, existe algo de permanente e imutável: sua própria essência. É justamente ela que nos confere a capacidade de navegar em um entorno mutável e, muitas vezes, fluído. Somente chegando ao cerne do nosso ser teremos as respostas necessárias para encarar o novo e o diverso. Apenas dessa forma conseguiremos lidar corretamente com as oportunidades e os desafios que se apresentam com a incorporação e o uso massivo da inteligência artificial no processo de tomada de decisão em todos os níveis e setores da vida.

Portanto, trata-se de falar do perene e do permanente: nossa condição humana.

A ALMA HUMANA À LUZ DA FILOSOFIA CLÁSSICA

*P*latão nos apresenta um entendimento da alma humana e da sua composição de um modo bastante acessível, ajudando-nos a desvendar as forças primárias que nos regem. Trata-se de uma fonte extraordinária de conhecimento que facilita o processo de autogoverno.

A filosofia grega destaca a existência de duas esferas da realidade: a do mundo sensível e a do mundo das ideias. Dentre outras coisas, tal distinção esclarece a existência do mundo material/sensível e o diferencia do mundo imaterial/suprasensível.

Entender o ser humano em sua estrutura mais fundamental faz com que sejamos capazes de identificar quais são as forças que atuam no nosso processo de tomada de decisão.

Com o mito do carro alado, Platão nos oferece uma imagem excelente sobre a dinâmica da alma humana e o exercício da nossa liberdade. O condutor desse carro alado detém o controle das rédeas de dois cavalos. Um dos cavalos representa o impulso racional ou moral para alcançar qualquer bem que exija esforço – ele tem como virtude principal a fortaleza. O outro cavalo representa as paixões irracionais da alma – e tem como virtude mais emblemática a temperança ou moderação.

Com tal imagem, Platão ilustra o papel do intelecto através da figura do cocheiro, e destaca, por meio dos cavalos, os motores principais que a mente deve conduzir e harmonizar. A função do auriga (condutor) é dirigir rumo à luminosidade, tratando de conservar os dois cavalos na mesma direção. Para isso, ele deve ser sábio.

AUTOCONHECIMENTO E AUTOGOVERNO
(O DOMÍNIO DE SI)

*N*a filosofia clássica, o domínio de si, que envolve o autoconhecimento e o autogoverno, é visto como uma habilidade fundamental para alcançar a excelência humana, que por sua vez se caracteriza pela excelência moral.

O domínio de si tem relação direta com o ensino e a prática das virtudes humanas. Trata-se de crescer em conhecimento próprio: como sou, quais são minhas qualidades e meus defeitos, minhas virtudes e meus vícios, o que faço bem, o que não faço bem, do que gosto e do que não gosto. Conhecer a si mesmo requer humildade e sinceridade. É imprescindível contar com uma boa dose de formação: conceitos sobre o ser humano e suas ações acerca daquilo que o dignifica e do que o rebaixa. Para o conhecimento de si mesmo é necessário um mínimo de formação intelectual e ajuda externa.

Importante lembrar que o domínio de si mesmo não se restringe ao mero autocontrole, como uma espécie de autopoliciamento. Não podemos desconsiderar a qualidade moral dos atos que praticamos. Ao mesmo tempo em que somos capazes de agir de modo desinteressado e altruísta, temos por vezes intenções pouco louváveis. Podemos agir impulsionados por vaidade, orgulho, ira...

Ser capaz de se autodominar não é simplesmente conseguir tomar decisões racionais, e tampouco significa anular todo e qualquer sentimento. Dominar a si mesmo é ser capaz de se autodirecionar ao bem: identificá-lo, conhecê-lo e querê-lo.

No domínio de si não há espaço para relativismos; torna-se necessária a abertura para a verdade. Em primeiro lugar, estimulando um *moral will* e promovendo *moral skills*. Não se trata apenas de ter o desejo de agir certo. Afinal, não basta uma boa disposição. É preciso aprender como se faz o que é certo – e, para tal, é imprescindível adquirir capacidades.

É necessário tempo e espaço para pensar, trocar ideias, considerar outros aspectos da realidade, abrir-se à complexidade das situações humanas e ao inabarcável da realidade.

Nesse processo, as virtudes, expressões da verdadeira sabedoria, são nosso guia prático de ações. Ajudam a sintetizar o próprio eu, a própria vida. Permitem encontrar a verdadeira felicidade em vez de nos contentarmos com sucedâneos. Facilitam a descoberta da verdadeira alegria, que contrasta com as pílulas de satisfação às quais muitos estamos viciados. Conferem ajuda de um saber estruturado que provoca o pensamento. Organizam as experiências de vida e orientam a subjetividade.

A virtude é a antítese do automatismo de normas, regras e procedimentos. Evidencia a riqueza da própria vida e de suas circunstâncias.

OS TRÊS "IS" DA INTELIGÊNCIA HUMANA: INTUIÇÃO, INSPIRAÇÃO E INSIGHT

*D*estaco três aspectos que vão além da pura racionalidade e que manifestam algumas dimensões da inteligência humana[2].

1. **Intuição:** É uma das formas pelas quais a nossa inteligência chega à verdade. Trata-se da capacidade de perceber, discernir ou pressentir uma explicação antes de qualquer raciocínio ou análise, e que tem muita relação com a experiência anterior que se possui.

---

2   No livro *Human compatible* (2019), Stuart Russell discute os três I's da inteligência, que se referem à Inteligência, Intenção e Interação. Esses três aspectos são fundamentais para o desenvolvimento de sistemas de IA, e Russell destaca a importância de compreendê-los e controlá-los para garantir que a IA seja benéfica à humanidade. No contexto da obra, ele explora os desafios e as oportunidades que surgem com o desenvolvimento da inteligência artificial, especialmente sobre como esses sistemas podem ser alinhados com os valores humanos e agir conforme nossas intenções. Essa abordagem reforça a necessidade de desenvolver IA de maneira que ela seja compatível com os interesses e bem-estar das pessoas.

2. **Inspiração:** Surge da contemplação da beleza, da experiência humana perante a felicidade, a tristeza, a dor e todas as demais formas da sensibilidade humana. Demonstra a faculdade criadora do ser humano.
3. **Insight:** Em geral, nasce da capacidade de conectar conhecimentos que se materializam pela razão por meio de uma ideia súbita, o "momento aha".

Em tempos de IA, quando podemos comprovar os incontáveis benefícios de sua utilização, vale a pena refletir sobre suas fronteiras, intersecções e limites com o humano.

Trago aqui uma frase de Marvin Minsky, cientista cognitivo especializado em AI, sobre as máquinas pensantes:

> *"São nossas criaturas, são melhores do que nós, com maiores qualidades e menos limitações; são a seguinte etapa da imparável evolução da vida na terra [...] Os robôs serão os herdeiros da Terra?"*

Será que realmente são melhores do que nós? Em que sentido? Serão realmente a seguinte etapa da evolução?

Vale a pena questionar: O que realmente significa ser humano?

TRÊS INSTÂNCIAS FUNDAMENTAIS DA EXPERIÊNCIA HUMANA

Como um primeiro marco conceitual deste livro, adotamos três instâncias fundamentais da experiência humana que afetam diretamente a nossa capacidade de tomar decisões. Não tenho a pretensão de ser exaustivo, mas sim de formular alguns conceitos de modo sintético e simples, partindo de questões cotidianas para chegar a uma melhor compreensão da complexidade do ser humano e, assim, trilhar o caminho da sabedoria.

Buscando fundamentos antropológicos e ontológicos, vamos discorrer sobre o que existe de mais intrínseco e intransferível em cada pessoa. Procuraremos estabelecer parâmetros para o bom entendimento do conceito de **liberdade** em todo processo de escolha e de tomada de decisões. Também trataremos de ressaltar sua ligação necessária com o bom juízo e a capacidade de julgamento, lançando mão do conceito de **consciência** como fator determinante, presente em qualquer escolha.

Ao mesmo tempo, após estabelecer o necessário nexo entre liberdade e consciência, estenderemos o nosso olhar para a realidade ao redor, colocando foco no último elo que ilumina o processo de tomada de decisões, tornando-o realmente virtuoso e destacando o que de mais transcendente podemos encontrar: a **verdade**.

A LIBERDADE

Liberdade é um conceito fundamental na experiência humana, um ideal que buscamos constantemente ao longo da vida. A liberdade é, muitas vezes, associada à capacidade de fazer escolhas, mas tal definição não captura toda a complexidade desse tema crucial. Neste ensaio, exploraremos a liberdade de forma mais profunda, a fim de compreender sua verdadeira natureza e importância em nossa existência.

A primeira faceta da liberdade que devemos examinar é sua relação com nossos impulsos naturais. Quando agimos por impulso, sem considerar as consequências de determinadas ações, corremos o risco de nos tornar escravos de nossos próprios instintos e desejos momentâneos.

Para sermos verdadeiramente livres, devemos aprender a controlar nossos impulsos, a considerar as ramificações de nossas ações e a escolher com sabedoria. Isso implica desenvolver a capacidade de autorreflexão, de avaliar desejos e motivações, em vez de apenas agir de acordo com o que nos é mais imediatamente atraente. A verdadeira liberdade reside na habilidade de dominar nossos impulsos e escolher com base no que acreditamos ser melhor a longo prazo, em vez de ceder às gratificações instantâneas.

Também notamos que nossas escolhas são frequentemente moldadas por influências externas, como a mídia, a propaganda e a cultura. Como seres sociais, somos suscetíveis à influência do ambiente que nos cerca. Muitas vezes, acreditamos que estamos fazendo escolhas livres, quando, na realidade, estamos simplesmente respondendo a essas influências sutis e poderosas. Para alcançar uma liberdade verdadeira, é imperativo que desenvolvamos um senso crítico para que seja possível discernir entre escolhas autênticas e aquelas que são ditadas por fatores externos.

Aqui, surge um ponto interessante. Reconhecer essas influências externas não nega nossa liberdade, mas nos permite exercê-la de maneira mais consciente e informada. É uma parte essencial da busca pela liberdade genuína. Portanto, essa não é uma luta solitária contra influências externas, mas sim uma jornada de autoconhecimento e autodeterminação, durante a qual aprendemos a fazer escolhas com as informações corretas em mãos, mesmo em um mundo complexo e influenciador.

A noção de que a liberdade é relativa também é fundamental. A liberdade não é absoluta, e somos confrontados com diversas limitações em nossa vida. Algumas dessas limitações são de natureza econômica, enquanto outras são internas, relacionadas ao temperamento ou à personalidade. A sociedade também estabelece limites por meio de regras políticas, valores culturais e normas sociais. Portanto, a liberdade é relativa à nossa posição dentro desses contextos. E para compreender verdadeiramente e profundamente a liberdade, temos que reconhecer essas limitações.

Essas limitações não devem ser vistas como impedimentos, e sim, como desafios a serem superados. Mesmo quando nos confrontamos com restrições econômicas ou limitações pessoais, ainda possuímos a capacidade de fazer escolhas que refletem nossos valores e aspirações. A verdadeira liberdade não se configura pela ausência de limitações, mas a capacidade de agir com autenticidade e integridade dentro dessas limitações.

A busca pelo conhecimento desempenha um papel crucial em nossa compreensão da liberdade. No entanto, esse conhecimento não se limita apenas à esfera científica. O conhecimento moral também é essencial para nossas escolhas. Escolher algo não é apenas uma questão de preferência pessoal: envolve o reconhecimento do que é verdadeiramente bom para nós e para a sociedade como um todo.

Essa dimensão moral da liberdade nos leva a considerar o propósito de nossas escolhas. Às vezes, ao buscar pela liberdade, podemos nos perder em escolhas que nos tornam escravos de nossas próprias expectativas ou impulsos momentâneos. A liberdade autêntica está alinhada a um propósito mais profundo, com escolhas que nos levam à felicidade autêntica e à contribuição para o bem comum.

Esse é o elo perdido quando abordamos o tema da liberdade. Podemos compreender facilmente que, quando escolhemos, temos em mente algo que queremos. Ou seja, há uma motivação de fundo, existe uma finalidade embutida e inerente a cada escolha. O que muitos não sabem é que todos esses pontos levantados podem ser reduzidos a uma explicação: sempre que escolhemos algo, o fazemos movidos pelo "desejo" de alcançar ou conseguir aquilo que, para nós, é visto como um bem. Portanto, na realidade, nossas escolhas são definidas implicitamente por esse parâmetro relativo ao bem que nos interessa conseguir.

Assim sendo, a verdadeira liberdade não está apenas em fazer escolhas, mas em escolher com um propósito genuíno em mente, algo que contribua para nossa realização pessoal e para o bem-estar dos outros.

Em última análise, a compreensão da liberdade e das escolhas humanas é um tema complexo e multifacetado. Mais do que escolher, a liberdade aborda a consciência de nossas influências externas, limitações internas e discernimento moral. A busca pela liberdade deve ser acompanhada pelo desejo de escolher o que é verdadeiramente bom não apenas para nós mesmos, mas para toda a sociedade.

Em resumo, a liberdade é uma jornada que envolve a nossa capacidade pessoal de autodeterminação, a escolha de ações que nos libertem, a conscientização de limitações e a responsabilidade ética por cada escolha. A liberdade é mais do que uma simples escolha; é uma expressão de nossa humanidade e da busca constante pelo que é verdadeiramente significativo e valioso na vida. Ao considerar essas complexidades, podemos encontrar uma liberdade autêntica e profunda que nos guiará em direção a uma vida mais satisfatória e realizada.

A CONSCIÊNCIA

O ser humano – ao contrário dos animais, que agem principalmente por instinto – é dotado de uma faculdade racional que o coloca em um patamar mais elevado. Essa distinção entre instinto e razão é crucial para compreendermos a complexidade do comportamento humano. Enquanto os animais são guiados por padrões instintivos, o ser humano é capaz de transcender esses impulsos e agir com base em sua racionalidade.

A consciência surge como um elemento muito importante nesse contexto. Ela não apenas denota o estado de vigília como incorpora a capacidade de autoconhecimento e a percepção da realidade. O autoconhecimento, conforme discutido, é a chave para a compreensão de si mesmo, de valores e princípios mais profundos. Esse conhecimento interno proporciona uma base para tomar decisões informadas e éticas.

Ao analisar a relação entre consciência e liberdade, emergem questionamentos relevantes. A liberdade não é apenas a capacidade de fazer escolhas, mas a habilidade de fazer escolhas alinhadas com o bem[3]. Portanto, está intrinsecamente vinculada à consciência moral, à capacidade de discernir entre o certo e o errado.

A consciência, não apenas proporciona conhecimento sobre as escolhas disponíveis, mas também implica a responsabilidade de enfrentar as consequências dessas escolhas. A consciência, nesse sentido, é como uma bússola, um guia interno, que ajuda a determinar se o caminho escolhido é benéfico ou prejudicial.

O processo de amadurecimento da consciência ao longo do tempo é uma reflexão interessante. À medida que o conhecimento de si mesmo se torna mais profundo, a percepção das escolhas e de seu impacto também evolui. Essa evolução é mais do que individual; também pode ocorrer em contextos sociais e organizacionais.

---

3   O tópico anterior, relativo à liberdade, confere uma sucinta explicação sobre o significado conferido ao termo "bem".

A coerência entre a consciência individual e as normas sociais é um aspecto essencial para a integridade ética.

A análise da consciência individual também nos leva a considerar o autoconhecimento como uma ferramenta para resistir a pressões externas que podem minar a liberdade individual. Situações em que as pessoas são confrontadas com dilemas éticos, no ambiente de trabalho, por exemplo, ilustram como a consciência pode ser um fator determinante na preservação da integridade pessoal.

A consciência individual é apresentada como uma lente que permite avaliar não apenas as escolhas pessoais, mas também as coletivas e as sociais. Nesse sentido, chegamos ao conceito mais fundamental sobre a consciência: sua dimensão moral. A compreensão da consciência como um guia para o discernimento ético e a busca pelo bem comum destaca seu papel vital na construção de uma sociedade fundamentada em valores.

Portanto, a interligação entre consciência, liberdade e autoconhecimento desvela uma trama intricada que molda a conduta humana. A exploração contínua desses conceitos pode enriquecer nossa compreensão do que significa ser verdadeiramente consciente e livre em meio às complexidades da vida.

A verdadeira liberdade não é apenas a capacidade de escolher, mas a sabedoria de escolher com a consciência. A liberdade não é descomprometida; está enraizada na compreensão de que as escolhas que fazemos têm ramificações tanto para nós mesmos quanto para quem está ao nosso redor.

A consciência age como o guia inato, distinguindo entre escolhas meramente permissivas e aquelas que de fato refletem a essência da liberdade. Não é tão somente uma questão de agir, mas de agir em conformidade com uma consciência que é, no seu cerne, moral[4] e que alinha as escolhas a uma compreensão autêntica da realidade.

A consciência é muito mais que uma simples testemunha; ela é participante ativa na forja das escolhas éticas cotidianas. Sua profundidade manifesta-se na identificação do bem, do dever e do certo, na integridade da liberdade e na busca pela verdade.

A VERDADE

A filosofia, ao longo da história, tem sido um campo de incessante indagação sobre a natureza da verdade e sua relação com a consciência e a liberdade humanas. Vamos agora abordar profundamente essa busca pela verdade e suas implicações na formação de uma liberdade consciente, expandindo o diálogo filosófico apresentado anteriormente e explorando aspectos ontológicos e éticos.

A verdade, como ponto de partida, é discutida em duas dimensões distintas: a lógica e a ontológica. Enquanto a primeira refere-se à coerência interna do pensamento, a segunda é a essência intrínseca das coisas, sua existência independentemente da percepção humana.

A jornada filosófica é concebida como uma busca pela verdade ontológica não como uma retirada arbitrária da mente, mas uma abertura consciente para a realidade. Filosofar, portanto, é entender, não extrair, a realidade de nossas mentes. A consciência, desempenhando um papel central nesse processo, permite que nos inundemos com a verdade essencial das coisas – quer dizer, a verdade que está contida na realidade de cada coisa.

---

4   A consciência é, por definição, moral. Podemos entender a consciência como sendo a razão enquanto capaz de voltar-se sobre si mesma e sobre as decisões tomadas, emitindo um juízo sobre a bondade ou maldade de ditas ações. Esse é o chamado juízo moral, uma realidade experimentada por todos nós. Todos sentimos remorsos ou contentamentos pela maneira como nos comportamos e sobre as decisões que tomamos, é a manifestação prática da experiência moral, presente em todo ser humano.

A verdade é então conectada à consciência e à compreensão da realidade. Conhecer é muito mais do que acumular informações; é, de fato, abrir-se para a realidade circundante. O processo de nomear e expressar a essência do mundo ao redor por meio da linguagem opera como uma ferramenta para a manifestação dessa verdade.

Contudo, a busca pela verdade não é isenta de desafios. As percepções individuais, influenciadas por uma miríade de fatores, podem distorcer a verdade, tornando-a multifacetada e, às vezes, elusiva. Diferentes perspectivas, conhecimentos e disposições individuais complicam ainda mais a compreensão unívoca da verdade.

Nesse contexto, ela transcende a mera correspondência lógica; é uma questão ética e moral. A discussão estende-se para o papel da verdade nas relações sociais e nas decisões políticas. Muitas vezes, a falta de exercício da consciência leva as pessoas a aceitarem certos discursos como fatos sem quaisquer questionamentos.

A reflexão sobre a verdade das coisas e das realidades que encontramos no mundo, também chamada de verdade ontológica, e sua relação com a liberdade nos levam à conclusão de que a realidade existe independentemente de nossa percepção, e a verdade é a descoberta dessa realidade.

A busca pela verdade é fundamental para a filosofia, pois sem ela o saber filosófico ou a conquista da sabedoria seria inatingível. A razão, como uma faculdade da mente humana, é apresentada como a chave para desvendar a verdade ontológica e, assim, iluminar nossa compreensão do mundo.

Além disso, a filosofia também se preocupa com a relação entre a busca pela verdade e a construção da liberdade consciente. A liberdade não é apenas a ausência de restrições externas, mas a capacidade de agir de acordo com o juízo de consciência. Nesse contexto, o diálogo anterior sobre a importância de respeitar a liberdade e a consciência alheias ganha um novo significado.

A responsabilidade inerente à liberdade é enfatizada, e a busca pela verdade é apresentada como essencial para o desenvolvimento humano e para a construção de uma sociedade consciente e ética. A capacidade de questionar, refletir e compreender diferentes perspectivas emerge como um elemento vital para a formação de uma liberdade que não é apenas um exercício de vontade, mas também um ato ético e consciente.

Em resumo, a busca pela verdade e a valorização da liberdade como ato consciente são pilares fundamentais da filosofia. A verdade ontológica é concebida como a essência das coisas, a realidade intrínseca que existe independentemente da nossa percepção. A consciência desempenha um papel central na busca por essa verdade, enquanto a ética e a responsabilidade moldam a relação entre verdade e liberdade.

A filosofia, assim, apresenta-se como uma jornada constante em direção à verdade e à liberdade como ato consciente, com a razão como guia nessa procura infindável pelo entendimento do mundo e de nós mesmos.

2. INSIGHTS PARA *Pensar* COM CONSISTÊNCIA

Sócrates foi acusado de corromper a juventude por não pensar como todos na Atenas do seu tempo. Foi alvo de um julgamento cujo resultado final conhecemos: foi condenado a beber cicuta. Morreu sem abdicar de suas convicções em 399 a.C., aos 70 anos.

A vida de Sócrates transcorreu junto a de um grande ateniense chamado Sófocles, autor de *Antígona*, tragédia escrita em 440 a.C. Nessa tragédia, Antígona mostra-se insubmissa às leis humanas ditadas por Creonte, rei de Tebas, por irem de encontro às leis divinas. A obra conta que a protagonista não deixou o corpo morto do seu irmão corromper-se sem receber os ritos sagrados, mesmo após a ordem de Creonte, que queria puni-lo como traidor. Antígona preferiu cumprir com os deveres da sua consciência, mesmo que tivesse que pagar com a própria vida por tal ação.

Na linha do tempo, Sófocles já era um dramaturgo consagrado quando o jovem Sócrates começou a trilhar o caminho da filosofia. Com certeza, as reflexões sobre a consciência plasmadas por Sófocles contribuíram para a maturidade de pensamento do então incipiente filósofo. Será que Sócrates teria sido quem foi se não tivesse liberdade de pensamento? Será que a civilização ocidental seria a mesma sem essa mesma liberdade de pensamento?

O episódio de Sócrates ocorreu no centro do pensar da Antiguidade. Graças ao filósofo, a dialética[5] e a maiêutica[6] se firmaram como bases do método filosófico. Saber dialogar no processo de busca da verdade é a síntese que edificou o saber ocidental. Sócrates buscava a verdade, algo negado em muitos "ambientes instruídos" e conceito desacreditado por autointitulados "pensadores".

Você, leitor, acredita na verdade como base para a construção de um diálogo realmente produtivo?

Não deixemos de questionar, não deixemos de buscar a verdade! Caso contrário, nos tornaremos parte da massa de manobra a ser tangida de acordo com os interesses de pequenos ou grandes grupos de influência.

---

5   Palavra com origem no termo em grego *dialektiké*, significa a arte do diálogo, a arte de debater, de persuadir ou raciocinar.

6   Maiêutica, ou método socrático, consiste na prática filosófica desenvolvida por Sócrates na qual, por meio de perguntas sobre determinado assunto, o interlocutor é levado a descobrir a verdade sobre algo.

"A vida sem questionamentos não vale a pena ser vivida."
— **Sócrates**

UM OLHAR PARA FORA

*D*estaco duas características do nosso tempo que são a síntese de uma era: a falta de transcendência[7] e a pobreza interior[8].

Para entender mais o mundo atual, precisamos perceber como essas coordenadas definem uma visão em 2D, na qual não existe a altura conferida pela perspectiva mais profunda da vida.

Embebidos por distrações de um mundo hiperconectado, hiperativo e hiperestimulado, utilizamos mais o lado instintivo – aquele que se refere ao nosso lado mais primitivo – do que pensamos ou desejamos.

Somos acostumados a querer ser senhores do universo, nem que seja minúscula a realidade de nossas relações e decisões. Queremos o domínio e controle sobre tudo, e sofremos então com estresse, ansiedade e frustração, sentimentos decorrentes dessa postura interior.

A falta de transcendência faz com que paguemos um alto preço: a contínua dependência de nós mesmos e o peso esmagador de estarmos entregues à própria sorte na vida e nos relacionamentos. Como consequência de uma falta de visão transcendente da

---

7   Tem origem na palavra latina "transcender", que significa ultrapassar. Trata-se daquilo que está além do mundo material, refere-se aos fenômenos de natureza metafísica. É um importante conceito para a filosofia e está na gênese das reflexões sobre o sentido da existência do mundo e da vida humana desde os filósofos da Grécia antiga.

8   Está relacionada a um estado emocional, espiritual ou psicológico que se refere à sensação de falta de propósito, ausência de autoestima, vazio emocional ou falta de conexão com uma dimensão mais profunda da existência.

vida, temos a ausência de verdadeira sabedoria para ler o mundo e tomar decisões duradouras.

Já a pobreza interior se manifesta na superficialidade de uma vida que se nutre de exterioridades, cujo único compromisso é com o próprio indivíduo, ou seja, o puro egoísmo. Falta-nos a capacidade de compreender o outro, de dar conselhos e de consolar. Falta-nos a capacidade de Amar, com letra maiúscula.

Para viver em 3D, temos que transcender!

A CRISE DA LIBERDADE

Parece que hoje em dia existe uma pressão para que todos apoiem as mesmas causas. Caso contrário, corre-se o risco de ser etiquetado como inimigo das liberdades individuais ou talvez como alguém que "tem a mente fechada".

Em qualquer situação, vozes dissonantes dos autofalantes de propagandas ideológicas passam a ser classificadas como estranhos que dificultam a paz e a concórdia social e planetária. Trata-se de uma unanimidade falsa, na prática, que constrange a liberdade individual de discordar ou, simplesmente, de pensar diferente.

Trata-se de uma imposição de algumas vontades alheias que coíbe e coage quem ousa dizer "não concordo". É um coro orquestrado que está pronto a dizer, em uníssono: "Como assim não concorda?". Como se todos tivessem que pagar um tributo aos mesmos "ídolos" e à propaganda massiva oferecida pelas empresas e redes sociais.

Em tempos de despertar de várias consciências coletivas, paradoxalmente vivemos a tentativa de anular a consciência individual, pois é justamente desta que deriva uma das fontes da radicalidade da bondade e de onde procede a dignidade de todo ser humano: *free speech*!

Em uma sociedade na qual inúmeros grupos defendem muitos tipos de direitos, alguns querem impedir o direito de discordar...

A CRISE DA INTELIGÊNCIA

Em conversa com amigos, muitos comentam que a sociedade está se fragmentando pela falta de ambições morais. Que está deixando-se coagir pela gritaria de uns poucos, bem-organizados em "milícias" anônimas.

Nas palavras de Flávio Gordon, vivemos tempos em que os "pseudointelectuais" são mais ouvidos. Por sua própria natureza, tais pessoas se escondem atrás de jogos de palavras e defendem estranhas formas de expressar a realidade.

Chamam de pensamento crítico o que, na verdade, parece ser desconhecimento e falta de uma formação mais clara e abrangente. Chamam de arte o que parece ser manifestação de pobreza interior. São profetas de uma realidade que desejam impor aos demais como fruto da sua obstinação.

Esses indivíduos combatem o dissenso. Não querem dar aos demais o direito de opinar e de se manifestar. Todos que não pensam como eles são tidos como "errados" e devem ser calados, quer seja através de leis, quer seja por meio de um protesto orquestrado nas redes sociais.

Autoproclamam-se defensores de verdades. Simplificam a realidade e mudam a acepção das palavras, dando-lhes um novo sentido para, aos poucos, interferir na forma de pensar de quem está ao redor.

Exercem uma tirania velada por uma capa de cidadania.

A CRISE DO PENSAMENTO

Parece que argumentos simplistas e visões de mundo incoerentes começaram a penetrar a sociedade e o mundo corporativo.

Talvez seja resultado de uma escassa base cultural, deficiente visão histórica e pouca profundidade de pensamento – condições perfeitas para que visões parciais da realidade diminuam os horizontes da razão com falsos ou aparentes dilemas. Tudo se problematiza, até o ponto em que se torna escravo do medo do que dirão se uma ideia ou crença for expressa.

Há muitos "intelectuais" que não escutam nada além dos próprios mantras e esquemas de pensamento. Não percebem nem se interrogam sobre seus vieses de confirmação, com os quais tendem a interpretar a realidade.

Há ativistas que isolam o pensamento no próprio tempo, o contrário do que se espera da construção da sociedade e do conhecimento.

Há os que sabotam o processo de comunicação, rotulando pessoas e instituições numa tentativa de desmoralizar e tornar pouco crível a outra parte.

Nesse ambiente, discutir a realidade torna-se uma tarefa árdua. Observa-se o aumento do sectarismo e do radicalismo que segregam e afastam. Será que estamos assistindo a falência do diálogo e da liberdade mais fundamental, a de pensar?

Nesse mundo dominado por poucos, corremos o risco de ser reféns daqueles que sequestram nossa individualidade, querendo diluí-la no nada.

O DESAFIO DO DIÁLOGO

O lugar de fala é um conceito que vem sendo usado como o elemento que legitima ou desqualifica decisões, opiniões e raciocínios. Toda a questão se resume ao seguinte: o ponto de vista defendido por quem tem esse "lugar de fala" é apenas uma opinião ou tem relação com um conhecimento que leva à verdade e, portanto, conecta com a sabedoria?

Tenho observado que, frequentemente, o lugar de fala acaba sendo um recurso usado para dar peso ao que se quer dizer. No entanto, não necessariamente manifesta sabedoria e, muitas vezes, pode revelar um ponto de vista enviesado ou até mesmo ignorância.

Para tantos, o lugar de fala se constitui na sabedoria alcançada por uma prática ou vivência individual. Algo que confere uma prerrogativa que praticamente avaliza tudo o que se diz.

Mas o que nos diria Platão?

Se não existe uma sabedoria a ser alcançada, toda a realidade é pura ilusão subjetiva.

Se não existe a verdade objetiva, cada um de nós é um universo incomunicável de emoções, sentimentos e pensamentos.

Se o conhecimento não é independente da minha própria compreensão das coisas, impossível seria o saber filosófico.

Platão situava a verdade no mundo das ideias. Para ele, o mundo das ideias era o lugar da perfeição e da verdade. O mundo material, por sua vez, seria o lugar da imperfeição. Chegar à verdade significa, para o filósofo, atingir o mundo das ideias, do imutável e do eterno.

Falar com sabedoria significa alcançar esse reino dos conceitos e das essências, que estruturam o nosso pensamento e que devem ser descobertos através da observação da realidade, do mundo do imperfeito.

A sabedoria é um conhecimento universal, não restrito a uns poucos tampouco propriedade de alguns devido ao seu "lugar de fala".

O DESAFIO DAS IDEOLOGIAS

Você não acha que a sociedade em geral está se tornando segregada? Tem experimentado que está mais difícil dialogar? Vivemos na era das ideologias, quando cada um abraça as "verdades" que lhe interessam.

Nós nos preocupamos pouco com a sabedoria e a verdade, fontes de conhecimento. Esquecemo-nos de que as grandes civilizações se constituíram pelo consenso de valores comuns.

A ideologia rouba a verdade das coisas e nos entrega o embuste de uma imagem deformada da realidade. Problematiza e levanta bandeiras, oferecendo soluções falsas ou enganosas. Transforma questões éticas em questões políticas, inverte a natureza das coisas, cria narrativas. Valendo-se da boa vontade e da boa intenção de muitos, manipula massas de desinformados e ressentidos para alcançar seus fins, que são políticos e pessoais: acúmulo de poder.

A ideologia não serve como solução para resolver os problemas sociais. Por sua própria natureza, reforça tais questões, já que sua essência é o confronto, não o diálogo. Não parece estar realmente interessada no bem comum, mas no próprio bem.

A maioria dos problemas que enfrentamos não são políticos; são éticos e morais. Tem relação direta com os valores que possuímos. Uma sociedade em que uns tentam calar os que não pensam como eles está no caminho do totalitarismo.

O DESAFIO DAS UTOPIAS

Pense em um mundo onde a justiça seja plenamente atingida. Pense em um mundo onde todos os problemas sejam resolvidos. Pense em um mundo onde não haja desilusões. Pense em um mundo onde todos vivam felizes para sempre.

Na prática, percebemos que são ideias impossíveis. No entanto, todos esses sonhos ofuscam tanto a inteligência e a vontade da humanidade que não faltam teorias e concepções que as vendam como coisas factíveis.

É o desconcertante sonho do ser humano de perpetuar-se, de construir o paraíso terreno. Enganadora fantasia que nos afasta da realidade fática. Tal definição de felicidade humana, quando decorrente de eventos ou acontecimentos externos, é pobre e bastante limitada.

Sempre haverá problemas, injustiças, desilusões e infelicidade. Viver é enfrentar essas realidades, e ter de encará-las desperta em nós a humildade de reconhecer que não estamos no controle de muita coisa, sobretudo da nossa própria existência.

Os problemas da humanidade são a soma dos problemas de cada ser humano, com seus egoísmos, suas loucuras de grandeza e seus desejos de domínio. Historicamente, observa-se o renascimento das utopias quando decai o conhecimento do ser humano e se esfumam valores fundamentais. Não é por acaso que atualmente enfrentamos o despertar de uma nova onda utópica, agora impulsionada pela ciência e pela tecnologia, que supostamente resolverão todas as mazelas humanas.

Voltamos ao de sempre: é preciso se autoconhecer!

É preciso se dar conta de toda a capacidade de fazer o bem e, ao mesmo tempo, de todo o poder atrativo daquilo que é baixo e sórdido que existe em cada um de nós.

Toda e qualquer reforma de estruturas políticas, sociais e econômicas exige a reforma da pessoa. Cada ser humano, como dono do próprio destino, é a força para o bem ou para o mal no mundo.

Sejamos a mudança que o mundo espera!

O POSTULADO NIILISTA

O niilismo surge em toda parte na sociedade pós-moderna, invadindo o pensamento e a cultura, colonizando cabeças e corações. Aniquila valores e convicções, deixa a vida tediosa.

Trata-se de uma concepção filosófica baseada na ideia de não haver nada ou nenhuma certeza que possa servir como base para o conhecimento. E quando se perde a certeza para as questões mais fundamentais da vida, a superficialidade e o pessimismo começam a ganhar voz na nossa existência.

O consumismo e a pornografia são algumas manifestações desse modo de viver. Como resultado, uma sociedade na qual o grau de ansiedade e depressão vem aumentando a cada dia. Uma cultura que se distancia do belo e se aproxima do *nonsense*.

O mau humor crônico, a impaciência constante, o descontentamento existencial e a desilusão com a vida são alguns sinais de alerta. Tais manifestações de falta de sentido resultam numa fome de experiências e sensações novas. Falta amadurecimento interior, algo que não é o resultado de mais conhecimento ou ciência, e muito menos de mais vivências ou experiências.

O niilista se dissolve em si mesmo. Tentando ser um super-herói, torna-se o oposto: um ser frágil e quebradiço. Buscando os próprios caminhos de modo solitário, torna-se cego pelo seu ceticismo, dando cabeçadas sem rumo e sem governo.

O niilismo é um ácido que corrói as possibilidades mais elevadas de realização humana. Rebaixa nossa humanidade.

O POSTULADO EXISTENCIALISTA

O existencialismo destaca o ser humano individual como criador do significado da sua vida. De acordo com Nietzsche, a forja do *Übermensch*, o super-homem, dá-se quando o indivíduo se dedica a buscar o próprio conjunto de valores, criado e concebido por si mesmo, rompendo com tudo o que existe.

Trata-se da expressão máxima da individualidade, livre de todos os fatores que a constrangem, tanto interna quanto externamente.

Na prática, as consequências dessa visão antropológica de Nietzsche podem ser observadas atualmente com a instauração do relativismo como sistema de pensamento, no qual cada um tem seus valores.

O fim da interpretação moral do mundo, com a abolição do conceito de bom ou mau, de certo ou errado, descontinuando a história da humanidade e das tradições morais em todas as civilizações, coloca cada pessoa como absoluto dono do próprio destino, estando, como bem escreveu nosso filósofo, acima do bem e do mal.

Se Deus não existe, tudo é permitido. Frase de grande profundidade e que se concretiza com cores muito vivas atualmente. Se não existe uma normatividade moral a ser observada nas ações de cada pessoa, tudo cabe e tudo é justificável.

Se não existe um sentido, qualquer sentido está igualmente válido. No entanto, mais do que a busca por definir os próprios valores, assistimos ao que bem observou Jung: aquele que não possui ideias acaba sendo possuído por elas.

Há uma multidão ingente de pessoas sendo possuída por ideias durante um assustador ressurgimento de fundamentalistas ideológicos.

Parece-me que o projeto do super-homem de Nietzsche se concretiza na prática, na aparição de um novo tipo de pessoa que se contenta com uma liberdade que não liberta, que conduz em muitos aspectos ao que é infra-humano.

O POSTULADO WOKE

Você sabe o que significa a palavra *woke*?

Trata-se de uma atitude fundamental de estar alerta ao estado das coisas, a mindsets e comportamentos injustos ou preconceituosos que invadem a nossa visão de mundo e interferem o nosso processo de tomada de decisões. O "wokeism" possui defensores acérrimos e críticos ferrenhos.

O fenômeno, que vem crescendo na última década, fundamenta-se, dentre outras coisas, na teoria crítica da raça. Estudiosos e ativistas dos direitos sociais e civis afirmam que as leis, os movimentos sociais e políticos e a mídia moldam, e ao mesmo tempo são moldados, por concepções sociais de raça e etnia. Até aqui, nenhuma novidade.

Mas será mesmo que podemos presumir que essa é a verdade sobre a constituição das sociedades? É precisamente por meio dessa perspectiva que enquadramos discussões atuais sobre vieses e conduzimos debates sobre inclusão e diversidade.

O debate aberto é sempre a maneira democrática de discutir temas relevantes. No entanto, tenho percebido que a hegemonia de pensamentos como os descritos acima, assumidos como verdade absoluta, impedem maior profundidade nas discussões.

Aqui chegamos a um ponto importante: como fazer para endereçar questões tão fundamentais? Existe uma única forma? Não é razoável pensar um legítimo pluralismo, uma diversidade de maneiras? A abertura do debate requererá mais tempo de conversa e diálogo, é verdade, mas não são justamente esses elementos os fundamentos da democracia?

Da filosofia antiga, temos o conceito de sabedoria e de verdade. Elementos que, a meu ver, fazem muita falta no debate atual, conduzindo a melhor estruturação do pensamento e trazendo mais do que somente lógica argumentativa: perspectiva e profundidade para decidir sobre o que é o mais adequado a ser feito aqui e agora.

Trata-se de mergulhar no conhecimento do ser humano e de sua individualidade, dotado de interioridade, liberdade e consciência.

Será que precisamos ser *woke*, estar alertas? Ou será que, antes, devamos exercitar nossa sabedoria para que sejamos capazes de enxergar *the big picture* para, então, sermos prudentes, justos e corajosos para enfrentar os problemas atuais? Ou seja, será que não nos falta mais virtude para que saibamos encontrar os melhores caminhos e tomar as melhores decisões?

UM OLHAR PARA DENTRO

*L*idar com o ego não é tarefa fácil; exige trabalho de autoconhecimento e autogoverno que passa por gerenciar muito bem as próprias emoções. Sem isso, é impossível administrar a si mesmo. Além de uma atividade intelectual, é uma disposição da vontade: é necessário querer olhar para dentro.

É bom ter consciência e sentir as próprias debilidades. E mais do que isso: a condição humana traz consigo a necessidade de sempre buscar a evolução. Como me vejo? Quais são meus pontos fortes? Quais são meus pontos fracos? Quais as competências e habilidades que preciso adquirir ou desenvolver?

A resposta dessas perguntas é dada diariamente diante dos dilemas que enfrentamos e das decisões que precisamos tomar. Deparamo-nos constantemente com situações que nos colocam à prova.

O dia a dia de um gestor exige, por exemplo, dentre outras coisas, autodomínio, percepção, leitura do contexto e do ambiente. Esses são alguns aspectos fundamentais para exercer a liderança em um mundo cada vez mais complexo, diverso e volátil.

Ao contrário do que muitos podem pensar, na era da tecnologia, as competências relacionais adquirem um papel ainda mais relevante. Portanto, é preciso reforçar nosso ser humano.

A CAPACIDADE DE PENSAR

A liberdade de pensamento é o que caracteriza qualquer atividade racional, qualquer sociedade plural. Sem ela, torna-se impossível produzir verdadeiro conhecimento.

Isso não significa agir contra evidências, negar as leis da natureza, ignorar fatos. Atuar assim indica desconhecimento, falta de profundidade ou, até mesmo, estouvamento.

Querer que a realidade se adeque ao pensamento é querer moldá-la ao nosso bel-prazer. Pode revelar também o pouco interesse pela verdade em si. Há muitos interessados em criar e veicular as próprias "verdades" às custas da real verdade!

A liberdade de pensamento não está acima da ética; deve dialogar sempre com ela. A realidade não se apresenta apenas através de uma disposição de coisas, tampouco é o resultado da interpretação de números e estatísticas. Hegel, numa tentativa de abarcar a realidade, dizia que tudo o que é racional é real.

Racionalizar a realidade, torná-la de algum modo inteligível, não é o suficiente para encontrar a verdade! Acedemos a ela por meio do estudo e da observação, mas não só. Trata-se de uma disposição pessoal de abertura, escuta e diálogo: elementos que são prova de humildade, virtude imprescindível para formar a própria consciência e as próprias opiniões.

A CAPACIDADE DE DELIBERAR

Há quem pense que a inteligência se nutre com qualquer tipo de conhecimento. Há quem pense que o principal ato da vontade é escolher, dentre várias alternativas, aquela de que mais goste.

Para que se tenha o adequado ponto de vista sobre nós mesmos e sobre a realidade à nossa volta, é preciso iniciar uma viagem rumo ao nosso interior. Como bons companheiros de viagem, estão a necessária capacidade para refletir e deliberar e o imprescindível silêncio interior. Ambos conduzem à verdadeira sabedoria.

Nem tudo aquilo que sentimos é bom e conveniente. Existe uma antropologia por detrás de nossos atos, emoções e afetos. O entendimento de si mesmo e das suas circunstâncias leva ao crescimento pessoal.

Vivemos em uma época em que se cultiva o livre pensamento, mas não se ensina a pensar livremente. Como decorrência, vivemos de slogans, e não de princípios.

A "cultura do achismo" predomina em muitos ambientes. A vontade substitui a verdade. Adotam-se premissas de atuação como se fossem verdades incontestáveis. O erro passa a ser visto como um conceito que só existe no campo das realidades exatas.

Nas realidades humanas, as dicotomias bom-mau e certo-errado são substituídas pelo antagonismo entre conservadorismo x progressismo. E quando o emocional substitui o intelectual, é impossível aprender, pois perde-se a capacidade de ponderação.

A CAPACIDADE DE AGIR

Compartilho impressões e reflexões ao longo de vinte anos desenvolvendo pessoas. Aqui vão algumas provocações:

- Quanto mais "capacitados" viramos, menos nos conhecemos como seres humanos.
- Quanto mais ciência adquirimos, menos sábios estamos nos tornando.
- Quanto mais feitos realizamos, menos aptos estamos para realizar a nossa própria essência.

Ou seja, mais frágeis e quebradiços estamos como pessoa, e isso se nota ao analisar problemas e situações e na falta da capacidade de gerir as próprias emoções para tomar boas decisões.

Quão importante é o conhecimento próprio para atingir o equilíbrio emocional e psíquico. E quão descuidados estamos nesse campo!

Recomendo o estudo dos clássicos da filosofia e da literatura como uma grande ajuda no processo de amadurecimento intelectual e pessoal.

NOSSAS CERTEZAS

Quando temos "muitas certezas", nos fechamos à realidade, deixamos de aprender, abdicamos de saber o que deveríamos. Como resultado, nossa vida não é como poderia ser.

Não existe escola mais necessária para edificar a vida humana do que a da humildade. E poucos a frequentam!

Num mundo que valoriza a aparência – *o ter* –, a humildade não tem lugar, pois esta virtude se refere ao *ser*.

As pessoas de "muitas certezas" confiam demasiado no seu critério e juízo. Costumam sofrer de um mal: a soberba intelectual, contemplação da suposta excelência de si mesmo.

Trata-se de uma realidade muito mais comum do que pensamos. É uma atitude que atinge todos, sem exceção. É um mau que diminui o nosso entendimento, nos apequena enquanto pessoas, nos torna teimosos e até mesmo ridículos.

Todos temos dragões internos que nos perseguem, provocando um desajuste entre inteligência, vontade, sentimento e realidade. Causam confusão de vida, descontentamento, solidão, angústia e depressão. Se não frequentamos a escola da humildade, sempre seremos negligentes com os aspectos mais relevantes da nossa condição humana.

Assim como a soberba, a humildade também é uma atitude, não um conhecimento. Essa virtude nos dispõe a um processo de autotransformação.

NOSSOS PRECONCEITOS

Em nome da liberdade, novos preconceitos podem substituir os antigos. Etimologicamente, preconceitos são ideias preconcebidas. Na origem da palavra, não há uma conotação negativa, como a adquirida na linguagem popular.

Há muitos que não se dão conta das próprias ideias preconcebidas, pensando que estão livres de qualquer preconceito. Nada mais equivocado e ingênuo!

Todos temos ideias preconcebidas, originadas da educação que tivemos, das experiências que vivenciamos, da nossa história pessoal. Com elas, influenciamos pessoas e, através delas, somos influenciados. Não existe neutralidade.

Somos o que lemos, aprendemos e decidimos ser por meio das nossas escolhas. Cada um de nós tem a própria visão de mundo, com os consequentes preconceitos sobre o que é bom ou mau, certo ou errado.

Para evitar o relativismo, tais ideias devem resistir ao exame da lógica e da argumentação, dos valores e da coerência.

Somos muito mais intransigentes do que pensamos. Somos muito duros para julgar a ação de terceiros, mas muito complacentes conosco e nossas supostas virtudes.

Atualmente, um exemplo de preconceito assumido como valor é o de que é proibido proibir. Em decorrência disso, diante de qualquer comportamento individual, "não se pode" emitir nenhum juízo de valor.

NOSSA SOBERBA

Desconfie da capacidade de ponderação de pessoas absolutamente certas em assuntos opináveis – e comece por vocês mesmo.

Aqueles que não concedem o benefício da dúvida podem estar equivocados em suas apreciações.

Possuem um tipo de "fanatismo" muito comum atualmente. Erram ao analisar a realidade através da sua "sabedoria". Abunda o pensamento simplório nos que julgam ter "pensamento crítico": inteligências pouco trabalhadas e quase nada amadurecidas pelo estudo.

Trata-se de pessoas pouco lidas, com hábitos mínimos de reflexão e rasas em suas conclusões. Muitas vezes, ignoram o que deveriam saber e julgam-se letrados.

Hoje, muitos pensam em manada, com receio de expressar algo contra a vontade geral do grupo ao qual pertencem. Quando lhes oferecem outras perspectivas, nem sequer as consideram, imbuídos da própria clarividência. Estes têm mais dificuldade de chegar à maturidade intelectual, pois tendem a permanecer com uma visão de mundo atrofiada. Não dão muito espaço às opiniões dos demais e, de certo modo, são altivos inconscientes.

O remédio para não ser atingido por tal cegueira é a humildade, a abertura real à opinião alheia. Desconfie das suas certezas assumidas tacitamente.

Pensar é preciso! Não é questão de quantidade, mas de qualidade. Trata-se de ponderar com critérios que realmente são relevantes.

Não troque o verdadeiro pelo falso nos seus juízos. Há muitos que desacreditam da verdade, mas ela existe.

NOSSO MUNDO INTERIOR

Todos nós, vez ou outra, experimentamos em nosso interior um conflito que absorve nossas energias. Cada pessoa é condicionada, ao menos em parte, pelas suas debilidades, tornando-se, em certa medida, refém de si mesma.

Todos somos atingidos por insinuações do orgulho e da vaidade. Todos sentimos o arrepio paralisante do medo e experimentamos o poder envolvente de um acesso de raiva.

Ainda que sejam "experiências humanas", não deixa de ser surpreendente constatar o quão despreparados estamos para lidar com esses quatro sentimentos: orgulho, vaidade, medo e raiva.

Chama a atenção o crescente número de pessoas que não sabem identificar esses quatros sentimentos básicos e, especialmente, os dois primeiros: orgulho e vaidade.

Quando caímos nessas "armadilhas", abrimos o alçapão que nos leva diretamente ao centro de um labirinto, onde facilmente nos perdemos e erramos o caminho sucessivamente, tentando, sem sucesso, encontrar uma saída.

Nosso mundo interior, constituído por pensamentos, sentimentos e emoções, é expressão daquilo que somos, do que amamos, do que nos preocupa, dos nossos valores. São o espelho pelo qual podemos enxergar a nossa alma.

O segredo para equilibrar essas emoções se centra no autoconhecimento, na identificação do próprio estado de espírito e na capacidade de exercer o autodomínio. Parte disso tem relação com a técnica mindfulness.

REFLEXÕES SOBRE A ALMA HUMANA

Diante de tantas imagens confusas, rasteiras e deletérias que nos tentam vender acerca da condição humana, cabe uma pergunta: Qual é a verdadeira identidade do ser humano?

Penso que podemos responder a essa questão usando analogias e pontos de vista opostos, a fim de gerar reflexão. Aqui vão três disjuntivas:

1. Você prefere viver na atmosfera depressiva e pessimista de Nietzsche e Sartre, que pregam uma vida cujo ponto-chave é o existencialismo[9],

   Ou,

   Você pode preferir viver respirando a alegria e o otimismo de Sócrates, Platão e Aristóteles, que ensinavam uma vida plena através das virtudes.

2. Você pode defender que a realidade é fruto do pensamento, e então, criar o mundo à sua imagem e semelhança, criar as próprias normas,

   Ou,

   Você pode admitir que a realidade é algo maior do que você, que se impõe por si mesmo.

---

9 Corrente filosófica cujo ponto de partida é a angústia do indivíduo diante da vida. Jean-Paul Sartre é considerado o pai dessa corrente de pensamento, que tem como um dos precursores Friedrich Nietzche.

3. Você nega a existência da verdade, vive despreocupado em relação a qualquer dever moral, e cria seu *modus vivendi*,

Ou,

Você reconhece a verdade como estrutura básica do mundo e pauta-se por ela.

E você, prefere conduzir sua vida na incerteza ou reger seus dias pela certeza? Será que o ser humano foi feito para a dúvida, que sua vida é uma tragédia, que a verdade não existe?
Para você, a vida é uma paixão inútil?

A ARTE DE RESSIGNIFICAR

É preciso ter olhos para a beleza!

A beleza atrai o olhar e encanta os sentidos. Provoca êxtase na alma, transportando-nos para outra dimensão, a da contemplação. Oferece a nós um porto seguro, a certeza da existência de um mundo ao qual todos nós, por instinto, queremos pertencer. Aqui, refiro-me à nobreza de sentimentos e de caráter, ao universo dos valores. Leva-nos a ver a realidade muito além do finito.

Intrigante perceber que a feiura parece estar sendo apoiada e promovida de modo ostensivo: na maneira de se comportar, de se relacionar, de se expressar, de se vestir e na atitude perante a vida...

Tal postura reflete algo mais profundo: uma interioridade empobrecida. Pessoas sem significado, que simplesmente existem e enxergam o mundo com olhos deprimidos. Essa feiura é o pior dos males de que se pode padecer; é uma prisão da qual dificilmente se consegue escapar.

Seus promotores são, sem perceber, doentes crônicos. Simplistas e superficiais em ideias e colocações. São o produto de um caldo de cultura que é a expressão do desencanto com o mundo. Tentam afogar seu inconformismo com tentativas de serem singulares por meio do estranho, do pitoresco e do chocante.

Quando descobrimos a beleza das pequenas coisas, somos surpreendidos pela alegria. Assim, fica impossível coexistir com esse tipo de feiura. Trata-se de um perfume que se aloja em todos os cantos da alma, promovendo o que há de mais sublime, pois enxerga as realidades humanas com profundidade.

SABEDORIA, FELICIDADE E VIDA COTIDIANA

Alcançar a verdadeira sabedoria exige cabeça e coração. É conhecer o bem e amar a verdade: realidades essenciais que configuram o mundo.

Cabeça e coração são senhores de si mesmos, e não servos de ideologias. Há ideias que atrofiam a mente, assim como também há paixões que escravizam, rebaixam e asfixiam o coração. Muitas pessoas vão bebendo e provando de tudo nas mais diversas fontes, mas não se dão conta que sorvem águas contaminadas por vários tipos de ideologias impostas por grupos de interesse e pelo politicamente correto. Declaram-se livres aqueles que, na verdade, estão aprisionados pelos grilhões dos que lhes "formatam o pensamento". Há mentes encapsuladas nas próprias ideias, fechadas à reflexão, crédulas para tudo que dizem seus gurus: em geral, são avessos ao diálogo e afeitos aos rótulos.

Não terceirizemos nossa responsabilidade de pensar. Não percamos tempo com esses "pensadores", com suas obras ideológicas, criadores de uma realidade que só existe em suas visões de profeta.

A verdade se mostra sozinha por meio dos seus efeitos práticos e vitais. Viver a vida tentando criar a verdade traz infelicidade, descontentamento e depressão.

Viver a vida buscando a verdade traz felicidade. Assim é a nossa condição humana!

FELICIDADE, EQUILÍBRIO INTERIOR E VIRTUDE

Ser feliz é viver exercitando nosso máximo potencial. E ser feliz requer algumas atitudes fundamentais:

- Não se entregar a si mesmo, aos próprios pessimismos e fraquezas.
- Não se deixar vencer pelos próprios defeitos de personalidade.
- Não ser derrotado pelos próprios caprichos pessoais, fontes de egoísmo.

São bastante comuns justificativas para condutas e comportamentos que rompem com o equilíbrio interior. Mas se queremos ser emocionalmente saudáveis, devemos andar pelo caminho da virtude, fortalecendo nossa vontade. A busca pela felicidade se transforma em uma forma de alienação quando centrada em nós mesmos.

Hoje podemos observar que impera uma filosofia que drena a vida de quem a assume, que é avessa ao conceito de verdade e espalha seu indiferentismo com ares de superioridade, contagiando quem a segue. São os modernos gnósticos[10], que se têm por superiores em sua visão de mundo e conhecimento da realidade.

Sem se darem conta, defendem o absolutismo de suas ideias, vivendo no relativismo das suas opiniões e caindo no autoengano. Sem que percebam, tentam criar a própria realidade a partir dos devaneios pessoais, que escondem carências, desafetos, infantilismos.

Teorizam sobre uma felicidade fabricada ao bel-prazer. Eis a fonte do mal-estar e do desequilíbrio do nosso tempo.

---

10 Gnosticismo deriva do termo grego *gnosis*, que significa conhecimento. O gnosticismo é um conjunto de crenças religiosas e filosóficas que se desenvolveram no início do cristianismo, especialmente nos séculos II e III. Acreditavam que o conhecimento esotérico, ou *gnose*, era fundamental para a salvação e a libertação espiritual.

EQUILÍBRIO INTERIOR: A CHAVE DA RESILIÊNCIA

É preciso muita capacidade pessoal para manter a clareza de pensamento necessária para tomar boas decisões em um ambiente em contínua transformação. Por isso, hoje, mais do que nunca, a qualidade humana do gestor faz toda a diferença. Nunca foi tão necessária uma gestão em 360° (*managing up, down and across*), o que exige que ampliemos nossa rede de relações.

Não é à toa que habilidades como comunicação, capacidade de lidar com ambiguidade e pensamento crítico são as mais requeridas para um ambiente cada vez mais complexo, que pede soluções criativas e inovadoras.

A base de sustentação de uma gestão mais complexa e com muitas interconexões é a gestão de si mesmo. Aqui, o equilíbrio pessoal é o ponto-chave que nos torna realmente resilientes.

A resiliência não é só um conjunto de capacidades que caem sobre o domínio emocional, espiritual, mental ou físico (controlar impulsos, administrar emoções, adaptar-se). Trata-se de uma capacidade moral que não é produto de um treinamento, conhecimento ou experiência acumulada.

É uma coerência que exige força moral, que amplia nossa capacidade de tomar decisões para fazer o que é certo, do jeito certo, porque é o certo. Revela-se no equilíbrio interior e se reflete na fidelidade aos próprios princípios e valores.

VIDAS DISFUNCIONAIS NÃO GERAM FELICIDADE

O ser humano se acostuma a tudo, até mesmo a viver com a pobre felicidade que pensa ter alcançado com a satisfação de realizar seus pequenos sonhos.

Escravizados pelas próprias debilidades, medos e modos de ser, nos acostumamos com relações de conveniência e amores de verão. Adaptamo-nos a arremedos de felicidade e contentamo-nos com as migalhas de um banquete do qual não nos esforçamos para participar.

Trocamos a verdade pelo faz de conta para poder suportar uma rotina que não queremos. Buscamos nos presentear, tentando afogar com coisas materiais a sede de sentido que bate à porta.

Agindo dessa forma, estamos indo a algum lugar concreto ou, na verdade, navegamos sem rumo?

Não se trata somente de ter metas e objetivos na vida. Nosso tempo padece tanto pela falta de verdadeiros ideais como pela falta de pessoas capazes de vivê-los com coerência.

O que é importante na vida não necessariamente é mensurável!

Cuidado com perigosas utopias que pretendem resolver problemas existenciais de modo mecânico, propondo a ilusão de eliminar todo mal.

Não acreditemos na justiça dos que promovem injustiças; na fraternidade dos que promovem o ódio; na tolerância dos que promovem intolerância. Não acreditemos nos que defendem a liberdade e promovem o pensamento único.

CONSELHO Nº 1: APRENDA A SER FELIZ

A felicidade foi sempre um dos grandes temas da filosofia clássica grega. Há uma melhor vida a ser vivida ou depende do gosto de cada um escolher qual é o tipo de vida que quer viver? Existe ou não uma ética por trás da felicidade?

Tais perguntas definem o cerne de questões fundamentais para a existência humana ao longo dos tempos. Para respondê-las, torna-se necessário entender o dinamismo da ação humana.

Todos nós possuímos um anseio vital por respostas definitivas. Nisso consistem nossos momentos de trepidação interior, de acordo com o que Kierkegaard[11] descreve em suas obras. É preciso ultrapassar os limites da psicologia para alicerçar nossa discussão numa dimensão do saber que, por ser mais ampla e profunda, nos dá as respostas de que precisamos: esse é o conhecimento filosófico.

O estudo da filosofia, tanto no campo da antropologia como no campo da ética, se depara com perguntas essenciais que nos remetem ao estudo do ser das coisas e da realidade, a fim de alcançar o verdadeiro conhecimento e a real sabedoria.

O que nos distingue dos animais e dos demais seres vivos? Qual é a essência do ser humano?

---

11   Søren Kierkegaard foi um filósofo dinamarquês do século XIX conhecido por suas contribuições no campo da filosofia existencialista. Abordou questões sobre a existência humana, a fé, a liberdade e a individualidade.

Para identificar o DNA da condição humana, precisamos reconhecer duas lógicas que direcionam nossas ações. Elas não são excludentes entre si, mas podem ser complementares ou opostas.

Por um lado, a lógica do interesse próprio é a que fundamenta a visão de Thomas Hobbes[12]: o homem é o lobo do homem. Dentro dessa perspectiva, foram estabelecidas muitas premissas para a atuação individual, como a que determina a atividade econômica, dando origem à teoria da firma/agência e à teoria dos jogos, que fala sobre a maximização de retornos.

Por outro lado, há a lógica do dom, que não pode faltar na perspectiva da ação humana sob pena de reduzir nossas escolhas à lógica egoísta de pensar apenas em si mesmo.

Doar-se significa realizar uma ação em benefício do outro, revela maturidade e nobreza de caráter, dimensões da personalidade que potencializam nossa capacidade de realização.

---

12   Thomas Hobbes foi um filósofo inglês do século XVII conhecido por suas contribuições nas áreas da filosofia política e da teoria do contrato social.

CONSELHO Nº 2: PRATIQUE O ALTRUÍSMO

A pessoa egoísta é focada no próprio bem-estar. Está sempre se apalpando e checando se está ou não satisfeita, se tal coisa lhe agrada ou desagrada. A solidão interior é seu sofrimento característico.

O egoísta quer as coisas do seu jeito, buscando o próprio prazer acima de tudo e de todos. Busca a si mesmo numa relação hipertrofiada com o próprio eu.

Esse modo de ser gera sofrimentos subjetivos, conscientes e inconscientes. Como sofrimento inconsciente crônico, o não saber ser feliz. Não sabe o que é a felicidade, pois a busca nos lugares errados. Como sofrimento consciente essencial, relações interpessoais parasitárias, causando prejuízos a si mesmo e aos demais.

O egoísta se interessa, acima de tudo, por si mesmo. Ama-se a si mesmo, e se vê como centro do mundo. Fecha as portas para o amor – que é, em sua essência, abrir-se, viver para e pelo outro. Tem o coração cheio de si mesmo e das suas necessidades.

O egoísta não tem amigos; tem companheiros de prazeres comuns. Não entende o básico de qualquer relação: abertura ao próximo.

Curvando-se sobre si mesmo, é incapaz de ver o real horizonte da vida. Não percebe sua miséria moral.

O ser humano se realiza na abertura, e não no fechamento. Aprendamos a desprender-nos do próprio eu: essa é fonte da felicidade!

3. INSIGHTS PARA *Decidir* COM CONSISTÊNCIA

*T*omar decisões significa discernir, analisar, pesar e escolher, baseado em critérios adequados e relevantes. Requer maturidade humana. Não se trata somente de posse de um conhecimento específico, mas sim da capacidade de enxergar *the big picture*.

Tomar boas decisões não se refere apenas a ter um tipo de pensamento estratégico, nem somente a possuir alguns dos vários tipos de inteligência descritos por Howard Gardner. Tampouco é suficiente ter uma grande base de dados sem dominar a arte de ser um bom tomador de decisões. (Nunca é demais lembrar que os dados são o produto, e não a explicação ou causa de porque tomamos uma decisão ou fazemos algo.)

Para formar um bom tomador de decisões, é imprescindível um longo processo de aprendizado. Formamos bons tomadores de decisões ensinando-lhes a refletir sobre o seu processo. Não somente se sua decisão foi melhor ou pior, mas também se foi certa ou errada, boa ou má. Algo que ultrapassa o adequado ou inadequado.

Ensinar o tomador de decisões a valorizar sua decisão do ponto de vista moral é a chave desse processo. Ou seja, a cada vez que acudimos à nossa consciência, temos uma nova oportunidade de refletir sobre nossas decisões.

A essência de uma boa tomada de decisões se resume na sabedoria, que é a mestra de todas as virtudes. Não há justiça sem sabedoria, nem coragem e tampouco moderação, todas elas estruturantes do agir humano. A sabedoria vai além da astúcia ou perspicácia; ela repousa no campo da ética e da moral.

Um bom tomador de decisões amadurece com o tempo. Pratica a liderança adaptativa e é capaz de entender as infinitas situações únicas, irrepetíveis e impossíveis de "manualizar". Justamente o contrário de todos os códigos de programação e da busca de padrões para tomada de decisões.

A virtude não pode ser padronizada. A virtude libera a mente para infinitas possibilidades não programadas. Abre as portas da criatividade. A virtude pode ser ensinada e pode ser aprendida. A virtude nos capacita a fazer o que é certo, do jeito certo, porque é o certo.

Portanto, o tomador de decisões necessita frequentar a escola da virtude!

A DIMENSÃO PSICOLÓGICA

Você já pensou que muitos vieses podem ter uma origem que nada tem a ver com nossos ditos preconceitos? Por exemplo, a vaidade e a soberba podem ser gatilhos de muitos vieses inconscientes. Ou, algo ainda mais banal: o medo do que os outros vão pensar ou dizer.

De fato, muito do que se fala sobre esse tema tem relação direta com aspectos psicológicos. Quem nunca se sentiu intimidado ao pensar em manifestar uma opinião contrária à da maioria vigente?

Os sistemáticos cancelamentos de opiniões divergentes reduzem a capacidade de tomar boas decisões pelo medo de ser rotulado. Tem sido muito frequente relatos de executivos que não tomam as decisões que deveriam por receio de serem etiquetados pelos diversos selos ou estereótipos da moda.

Vivemos tempos em que a liberdade de pensamento parece se encontrar refém do politicamente correto. Hoje, mais do que nunca, o indivíduo se mostra dependente do aplauso ou da crítica para posicionar-se sobre qualquer coisa. Parece que a própria imagem é o bem mais precioso.

A falta de fundamentação em valores gera pessoas inseguras e, como consequência, ansiosas pela aprovação alheia e sujeitas a muitos vieses inconscientes. Esta, sim, é uma dependência psicológica difícil de combater, que acaba gerando uma sociedade de inválidos morais.

Que tal voltarmos a estudar o ser humano em vez de nos atermos aos modelos oferecidos por algumas "filosofias" em voga?

A verdade é simples, e não é necessário empregar sistemas de pensamento para explicá-la. A vida prática não precisa de teorias, os que as inventam são os que a ignoram.

A DIMENSÃO ANTROPOLÓGICA

Você realmente acredita estar livre de qualquer viés?

Pretender um mundo sem vieses, ainda que seja contraintuitivo, significa eliminar todo processo humano de escolha e tomada de decisões. Trata-se de um posicionamento que não reflete a vida na prática.

Toda escolha engloba a ponderação entre alternativas ou opções a escolher e o uso da própria liberdade. É o são diálogo entre a realidade e a subjetividade humana que deve ser regulado por uma dimensão mais profunda que o conceito de viés nos traz.

Falar de viés significa posicionar nossa conversa dentro da dimensão psicológica[13] da tomada de decisões. Só isso não basta, e revela-se um reducionismo que vem sendo adotado sem muita assertividade. A partir de então, torna-se necessário que falemos da tomada de decisões do ponto de vista antropológico[14], que envolve a esfera das virtudes e dos vícios.

A estrutura essencial da virtude e do vício é anterior aos vieses cognitivos porque se encontra na constituição básica do ser humano.

---

13   Fundamental para entendermos o funcionamento da mente humana, suas interações com o ambiente e o impacto na saúde e no bem-estar de uma pessoa.

14   Esse termo se refere à parte da filosofia que estuda a natureza humana, buscando compreender questões relacionadas à essência, à condição e à existência do ser humano.

Somente nessa dimensão somos capazes de enquadrar adequadamente nossas escolhas e manter uma discussão proveitosa sobre a tomada de decisão, tanto no âmbito pessoal quanto corporativo.

Uma decisão prudente e justa não é uma decisão não viesada. Uma decisão prudente é, acima de tudo, uma decisão sábia na qual se conjuga um correto entendimento da realidade, uma vontade de querer o bem e uma intenção reta e honesta.

NOSSAS FRAGILIDADES MORAIS

Nossa sociedade vive uma síndrome causada pelo esquecimento ou pela negação sistemática de dois conceitos-chave: o da verdade e o do ser humano.

Em uma época em que faltam valores e sobram ideologias, a tendência é eliminar qualquer base comum de diálogo. Vive-se de acordo com a "tribo" à qual escolhemos pertencer, sem possível comunicação com os outros grupos ao nosso redor. Essa segregação estimula excessos na defesa do próprio ponto de vista.

Não somos capazes de entender toda a realidade, mas, no entanto, somos capazes de contemplá-la com olhos de sabedoria.

Quer saber quais são nossos vieses cognitivos e como eles nos tornam cegos à verdade sobre circunstâncias, fatos e pessoas? Comece identificando algo inerente a qualquer ser humano: nomeie suas fragilidades morais!

Nossos maus hábitos, nossos vícios, representam um grande obstáculo para formar a nossa visão de mundo.

O egocêntrico tem muita dificuldade de sair do seu mundo e, portanto, de aprender. O vaidoso se encontra fortemente condicionado pela própria imagem. Para o orgulhoso, é extremamente difícil reconhecer os próprios erros.

A maturidade de julgamento não se consegue só pela via intelectual. A via principal é a da virtude.

In medio virtus!

A NECESSIDADE DE APROVAÇÃO

O desejo de sermos aceitos, de receber aprovação, é algo que nos atinge diariamente, tanto na vida pessoal como na vida profissional.

Um dos grandes perigos do nosso tempo para a liberdade de pensamento se configura por meio do politicamente correto. Os sistemáticos cancelamentos de opiniões divergentes reduzem a capacidade de tomar boas decisões pelo medo do que os outros dirão.

Nesse sentido, o viés de confirmação surge com uma nova perspectiva: a de não destoar ou desagradar o pensamento majoritário dentre as ideologias em voga.

Para os politicamente corretos, esse viés se caracteriza por uma premente necessidade de segurança psicológica que os leva a não querer contrariar o pensamento de manada. Afinal, ser aceito pelo grupo social é cada vez mais importante, na medida que a individualidade vai se diluindo na massa.

Gera-se uma ansiedade para interpretar ou coletar informações que confirmem e tornem legítimo o posicionamento assumido. Afinal, esse viés dificulta a tarefa de defender um ponto de vista sem contar com o respaldo de um grupo de referência.

MODELOS MENTAIS

*N*em sempre nos damos conta de que trabalhamos com modelos mentais e referências que se constituem para nós numa segunda natureza, ou seja, conferem-nos um modo de pensar, de ser e de agir.

Um modelo mental é a cristalização de um pensamento surgido numa tentativa de ler a realidade à nossa volta. Às vezes, pode envolver questões muito relevantes e vitais. É uma forma de entender o mundo e ressaltar valores essenciais com o intuito de alcançar um melhor estado das coisas. Surge de uma captação da realidade em um esforço de normatização.

Os modelos mentais podem nos ajudar na tomada de decisões e, assim, podem ser muito úteis. Não há nenhum problema em decidir com base nas mesmas ideias-chave, mas sim em fazê-lo de modo automático, sem reflexão. Passar a ver a vida sob o olhar instantâneo dessas ideias pode ser muito útil, mas, se falta a abertura à realidade e a necessária atenção ao contexto, seremos superficiais e poderemos ser bastante insensatos e imprudentes.

É preciso depurar nossos modelos mentais. Não podemos nos esconder atrás de sistemas de pensamento. Para crescer em capacidade de reflexão necessitamos buscar informações relevantes, adquirir conhecimento e crescer em sabedoria.

Modelar a realidade não é o mesmo que entendê-la. A falta de conhecimento devido nos torna mais vulneráveis a qualquer modismo ou teoria em voga.

Com isso em mente, ofereço duas considerações:

- Submetamos nossos modelos mentais a críticas e opiniões discordantes. Deste modo, chegaremos a um melhor entendimento sobre em que acreditamos e poderemos separar a simples opinião do verdadeiro conhecimento. Pratiquemos a escuta ativa!
- Reaprendamos a pensar os problemas a partir dos próprios problemas, e não a partir dos modelos mentais que inibem o pensamento e simplificam a realidade. Pensemos fora da caixa!

O RISCO DA LIBERDADE

Como seres livres, todos estamos sujeitos aos riscos inerentes à nossa própria ação no mundo. Penso ser útil refletir sobre o conceito de liberdade, ressaltando o que este termo significa a partir do entendimento do que é e do que não é a liberdade.

Comecemos por esclarecer o que ela não é:

- Não é pura capacidade de escolha.
- Não é regulada apenas pela relação com os demais nem mesmo é limitada pela liberdade dos outros.
- Não é limitada somente por um contrato social e suas leis.
- Não é o exercício de um capricho pessoal.
- Não é absoluta e ausente de qualquer restrição.

Agora passamos a discorrer sobre o entendimento mais profundo da nossa própria liberdade.

Todos exercemos nossa liberdade quando sabemos o que escolhemos. Tal fato revela que estamos no exercício das nossas faculdades mentais.

Quando nos decidimos por uma ação, imediatamente também temos consciência das nossas intenções. A ação que escolhemos e a intenção com a qual a realizamos estão unidas.

Toda livre decisão implica num juízo sobre o que foi decidido. É um ato mediado pela prudência: capacidade de identificar e escolher o bem a ser realizado a cada momento.

Uma escolha que não leva em conta, minimiza ou subestima o bem a ser realizado é imprudente. Ainda que a liberdade tenha a dimensão da escolha como parte integrante do agir humano, não podemos deixar de considerar o que foi escolhido.

Nossas decisões revelam quem somos na medida que essas mesmas escolhas são egoístas ou virtuosas.

Há escolhas que escravizam, e há escolhas que libertam!

A liberdade se realiza na virtude, nunca no vício.

O RISCO TOTALITÁRIO

*H*á três atributos fundamentais do ser humano aos quais não podemos renunciar: a racionalidade, a existência da consciência individual e a liberdade interior de cada pessoa.

A seguir, destaco três exemplos de totalitarismo que estão invadindo a sociedade e prejudicando o diálogo entre as partes e os diversos atores sociais:

1. Em muitos debates da vida pública, observa-se uma defesa de posições mais do que a presença de argumentos racionais e defesa de valores.
2. Através da pressão social, busca-se forçar a consciência individual e violar a liberdade interior. Mais do que dialogar, a intenção é forçar a concordância.
3. Não é tolerada uma posição que seja divergente. Os múltiplos tipos de ativismo buscam incutir uma maneira de pensar e decidir.

Ou seja, suprime-se a liberdade em nome da mesma!

Hoje em dia, somos pressionados a expressar uma unanimidade que fere a capacidade de discernimento de cada pessoa e, portanto, tolhe nossa capacidade de tomar decisões.

Atualmente é imperativo proibir o pensamento individual divergente e, assim, tenta-se cancelar o pluralismo em matérias políticas, sociais, econômicas e religiosas.

Estamos protagonizando o romance de Aldous Huxley, *Admirável mundo novo*. Um futuro que se tornou presente e no qual alguém decide o que seremos, nossos gostos, nossos valores, nossos sonhos e nosso futuro.

Qual futuro queremos construir?

CONSELHO Nº 3: EXPANDA SUA MENTE

Começo aconselhando:

1. Conheça suas paixões e os movimentos da sua sensibilidade.
2. Conheça a realidade através do estudo da filosofia, da cultura, da história e da literatura.

Crescer em humanidade nos confere profundidade e capacidade de diálogo, conhecimento de si mesmo, autogoverno e domínio do próprio mundo interior.

Em muitos ambientes, nota-se um discurso de baixa densidade que nos torna incapazes de encontrar respostas para as grandes questões da existência humana.

Para expandir a mente e evoluir de um estado de ignorância, é preciso ter humildade para reconhecer o que não sabemos; é preciso estudar a fundo um tema e entender o significado da palavra formação!

Toda ignorância é um estado intelectual que revela o desconhecimento de algo relativo ao mundo que nos rodeia e que influi na nossa visão da realidade.

Aproveito para destacar dois tipos de ignorância mais comuns atualmente.

Primeiro, a ignorância do soberbo pouco refinado (aquele que, sem saber nada, acha que sabe tudo). Este tipo é excessivamente centrado nas realidades materiais ou nas próprias ideias. Não consegue filosofar, nem vê nisso alguma utilidade. Tal fato o torna incapaz de processar argumentos um pouco mais elaborados. Não lhe interessa saber nada além dos seus interesses corriqueiros. O mundo está povoado por este primeiro tipo.

O segundo, a ignorância do soberbo "letrado". Pretende passar por intelectual. Apresenta um vocabulário erudito, mas de pouca densidade humana e no qual se encontram todos os tipos de clichês da moda. Ainda que lido e ilustrado, bebeu de fontes insalubres. Mais do que irradiar conhecimento, é um megafone de ideias desencontradas. Não difunde sabedoria, mas sim loquacidade.

É necessário estar atento aos falsos gurus que se tornam influenciadores.

CONSELHO Nº 4: DESENVOLVA O PENSAMENTO CRÍTICO

Vivemos tempos extraordinários nos quais os avanços tecnológicos tornam realidade os mais ousados sonhos. Estamos preparados para essa nova etapa? Teremos a capacidade de absorver toda essa transformação que pode afetar o nosso modo de ser humano e de realizar plenamente a nossa condição humana?

Muitos dizem que estamos às portas de eventos sem precedentes que vão mudar o nosso viver em sociedade. Sem dúvida, o mais insidioso faz referência à nossa capacidade crítica.

Vivemos em uma sociedade orientada pela tecnologia, onde as decisões baseadas em dados valem ouro. No entanto, às vezes nos esquecemos de que os dados são o produto, e não a explicação ou causa de porque tomamos uma decisão ou fazemos algo.

Será assim tão fácil manter nosso pensamento crítico num mundo onde teremos uma AI muito mais potente e onipresente do que temos? Corremos o risco de nos tornar *human autobots*, repetidores de informação sem capacidade de julgamento?

Para finalizar, compartilho a seguir três regras estabelecidas pelo filósofo Kant como sendo essenciais ao pensamento crítico:

- Pensar por conta própria.
- Pensar colocando-se no lugar dos outros.
- Pensar de forma consistente e coerente.

CONSELHO Nº 5: DIFERENCIE O VERDADEIRO DO FALSO

Num mundo que está perdendo a capacidade de pensar de forma consistente, torna-se fundamental recuperar conceitos básicos que estruturam o raciocínio.

Pensar de modo ordenado e organizado requer trabalhar com premissas válidas e, portanto, exige ir aos fundamentos de uma afirmação, verificando sua consistência ou comprovando-a. Para tanto, o conhecimento teórico e prático são importantes pontos de referência.

A estrutura básica do pensamento (lógica) reflete a estrutura básica da realidade que nos circunda (metafísica). Deste modo, dá-se a correspondência entre a verdade abstrata (dimensão das ideias e do pensar) e a prática (dimensão da realidade e do ser das coisas).

Para sermos capazes de diferenciar o verdadeiro do falso, precisamos, em primeiro lugar, ser capazes de ler a realidade de modo objetivo, e não somente subjetivo.

Eis aqui o que se chama de verdade material: quando existe uma adequação entre o que é (no caso, o objeto do nosso conhecimento) e o que é dito (no caso, a formulação do argumento sobre esse objeto conhecido).

Em um segundo momento, vem a construção lógica de um argumento ou raciocínio, que recebe sua validação a partir dessa mesma realidade, tornando-o passível de ser "classificado" como verdadeiro ou falso. Neste sentido, tratamos da verdade formal, conclusão à qual se chega de acordo com a lógica.

Para ter condições de diferenciar o verdadeiro do falso, você deve saber que a lógica possui três elementos constitutivos: o conceito, o juízo e o raciocínio. Portanto, erros de natureza lógica podem ocorrer na formulação dos nossos conceitos, dos nossos juízos e dos nossos raciocínios.

A lógica nos ajuda a fundamentar nossa argumentação e nossas conclusões. Ao mesmo tempo, ela nos permite analisar as diversas partes de qualquer proposição.

Vivemos em um mundo que está se esquecendo dessas lições fundamentais e, portanto, a verdade como princípio norteador está sendo substituída paulatinamente pela narrativa mais convincente. Com isso, abre-se espaço para que as ideologias diminuam a compreensão da realidade e para que a própria verdade se obscureça. O verdadeiro e o falso passam a não fazer mais sentido!

Como resultado, os debates se tornaram ideológicos e, com eles, as posições. Todos perdemos, não há ganhos quando se deixa de buscar a verdade.

Identifico quatro tipos de ideologizados[15]:

1. Os que encarnam o discurso ideológico com conhecimento de causa.
2. Os que usam o jargão ideológico porque é a única estrutura mínima de pensamento que conhecem.
3. Os que aderem a ele pela pressão do ambiente.
4. Os que o utilizam por conveniência, para conseguir benefícios egoístas.

---

15 Ideologizado: Alguém que está impregnado por uma ideologia específica como base para suas crenças, opiniões e perspectivas.

E a meu ver, há um único tipo de ideologizador[16]: o que analisa a realidade com visão curta e com preconceitos adotados de acordo com essa mesma dificuldade de captar a realidade mais profunda. Vivendo na sua miopia, tenta incutir nos outros uma visão reducionista do mundo.

Para essa pessoa, não existe diálogo nem reflexão fora dos seus esquemas. Toda a sociedade, as decisões políticas e individuais, podem ficar reféns dessa forma de representar e relatar as coisas.

---

16 Ideologizador: Alguém que procura influenciar ou convencer outras pessoas a adotar determinada ideologia com o objetivo de moldar o pensamento e a perspectiva delas.

CONSELHO Nº 6: EDUQUE A VONTADE

*T*odos somos muito incompletos do ponto de vista individual, tanto no campo das qualidades intelectuais quanto das éticas e morais.

O conceito de virtude dá um conhecimento pessoal muito mais profundo do que qualquer ideologia em voga. Evita a manipulação, algo muito frequente atualmente. Basta citar a guerra de narrativas que vemos todos os dias.

Conhecer o que é virtude significa conhecer o bem que me permito alcançar através das minhas ações e o mal a evitar. Permite identificar a adequação de qualquer ação humana em relação à nossa condição própria.

Quem relativiza esses aspectos ainda não alcançou um entendimento do que significa ser humano. Possui uma visão pobre e incipiente sobre nossa essência. Há muitos nesse estágio intelectual.

O conhecimento de si mesmo confere equilíbrio à vida, nos preparando para amar.

Tudo aquilo que nos domina, nos escraviza. Ao renunciar à procura do bem, abdicamos de exercer nossa vontade. Os atrativos que iludem o nosso querer nos desviam do bem que podemos alcançar.

É preciso que estejamos educados para apreciar coisas grandes, que dilatam o coração e preenchem a alma. Mas grande parte das pessoas não se preocupa em examinar em que acreditam.

CONSELHO Nº 7: MUDE A SI MESMO

*H*á gente que quer mudar o mundo e é incapaz de mudar a si mesmo, sair dos próprios egoísmos. Prega por uma justiça que não pratica, valores que não vive e ideais que não assume como próprios.

Há uma plenitude que somente se alcança tocando as cordas mais íntimas da natureza humana. Não é uma questão de QI ou de cultura.

Quanto maior a riqueza interior de uma pessoa, mais ampla e facilmente ela saberá falar sobre seus sentimentos, mais rapidamente criará empatia ao seu redor e maior será seu poder de comunicação.

Há pessoas muito estudadas e requintadas que são extremamente toscas, e há pessoas com inteligência pouco trabalhada que são impressionantemente belas. Encontramos pessoas incapazes de distinguir elegância de vulgaridade, inábeis para diferenciar o talento da mediocridade, insensíveis perante a poesia ou o escárnio.

A superficialidade é arrogante, atrevida, inconsequente e inconsistente.

Todos esses comportamentos são cegueiras que têm como forma a ignorância, a indiferença ou a mentira.

A ignorância é a falta de um conhecimento devido. Para vencê-la, é necessário humildade.

A indiferença caracteriza um comportamento individualista, fruto do egocentrismo.

A mentira é a negação da verdade das coisas. É combatida procurando a verdade.

4. INSIGHTS PARA *Liderar* COM CONSISTÊNCIA

*U*ma vida não examinada é uma vida que não vale a pena ser vivida. Essa máxima socrática mostra-se plenamente atual e define-se como o primeiro passo para exercer uma liderança de alto impacto.

A maioria dos problemas que enfrentamos não são científicos. A vida não é científica! Os verdadeiros problemas da vida são éticos e morais. A realidade nos interpela acerca do tipo de pessoa que queremos ser.

O eixo da vida pode ser traçado pelas virtudes que adquirimos e pelas decisões que tomamos.

A vida não é um jogo de soma-zero, como alguns modelos econômicos. Essa é a visão da realidade daqueles que definem o mundo e as relações sob a ótica do poder. Há amplos domínios da vida em que ambas as partes ganham.

Será mesmo que a melhor vida a ser vivida depende de cada um? Não é essa a tradição do pensamento ocidental, iniciado pelos gregos. Tampouco a tradição oriental nega a objetividade do que se define como sendo a melhor vida a ser vivida; haja vista a filosofia de Confúcio.

Exercer uma liderança de alto impacto também tem relação direta com nossas virtudes, principal recurso para influenciar pessoas. Ser genuíno nas intenções garante a sinceridade dos nossos propósitos e nos torna aptos para servir verdadeiramente a sociedade.

GRANDEZA DE ALMA

Ofereço para consideração três aspectos, a fim de definir o grau de legitimidade moral de quem quer exercer qualquer tipo de poder.

1. É necessário ter em conta o propósito do líder.
2. É necessário conhecer a ambição do líder.
3. É necessário fazer a prova do legado do líder.

A história é pródiga em exemplos de líderes narcisistas cujo único propósito é a própria glória. Ao longo do tempo, muitos alimentaram seus sonhos de grandeza através de uma ambição desmedida e uma sede de poder sem limites.

O rastro que deixaram, o exemplo que deram, os valores que difundiram, o tipo de pessoas e de sociedade que criaram... Tudo isso mostra a qualidade moral do seu legado.

Mede-se a seriedade de um ideal pela estatura moral dos que o encarnam.

Não existe verdadeiro legado sem virtude para mediá-lo e sem boa intenção para orientá-lo.

Os manipuladores sonham para si. São obstinados, seus fins são pessoais e egoístas; eles produzem um impacto nocivo ou indiferente na vida das pessoas, vivem da própria imagem, exigem holofotes.

Os magnânimos sonham para os outros, são altruístas e determinados. Seus fins têm relação com os outros, seu impacto é decisivo para o bem das pessoas.

Qual é a diferença entre a grandeza de alma do magnânimo e o desejo de singularidade do manipulador?

A grandeza de alma se manifesta pelo desejo de fazer o bem não simplesmente para deixar um bom legado, mas para construir, ajudar, somar. Em suma, fazer o bem porque é o certo!

Justamente por isso, as almas grandes não são contra nada nem ninguém. O desejo de somar as impede de gastar energias inutilmente com o desejo de combater.

As principais virtudes que garantem a legitimidade moral são: honestidade e humildade. A legitimidade moral é questão de caráter, e o caráter revela grandeza de alma.

COMPETÊNCIAS MORAIS

Somos condicionados a pensar as relações de negócios como *homo economicus*; a ter em conta o interesse próprio, descuidando o interesse de terceiros.

Costuma-se entender influência como uma capacidade para manipular os demais, a fim de conseguir resultados apenas para o próprio deleite. O uso do poder parece explicar qualquer relação profissional.

Você acredita que o mundo é regido por relações de confiança mais do que por relações de poder ou pelo dinheiro?

Muito poucos se atentam para o fato de que a qualidade das próprias motivações impacta diretamente a capacidade de influenciar pessoas e a qualidade dos acordos que construímos. O que somos aparece claramente nas relações que estabelecemos com os outros: isso manifesta nossa qualidade moral mais do que nossas competências.

Qualquer posição de liderança reclama uma transformação pessoal pela qual somos chamados a desenvolver o próprio potencial, e isso inclui o nosso caráter.

Tenhamos em mente que nossas competências profissionais não nos definem como pessoa. Podemos nos deixar seduzir pela vaidade de ser vistos e pelo orgulho de ser lembrados. Se não temos caráter, se não temos competências morais, nos faltarão atitudes e comportamentos indispensáveis.

Como diz Jordan Peterson, *"To much of you is inside of you"*. *It is up to you!*

IDEAIS, MEIOS E INTENÇÕES

Um líder com desejo de superação, com vontade de ser melhor não apenas tecnicamente, cria ao redor de si o magnetismo que arrasta e transforma.

Todos temos nossos medos, nossos egoísmos, nosso orgulho e nossa vaidade. Uma coisa são as debilidades sentidas. E outra, muito diferente, são aquelas continuamente reiteradas por nossas ações.

O ponto-chave é como encaminhamos essas manifestações do nosso mundo interior. O problema não é perceber que elas existem, mas nos deixar ser dominados por elas.

Saber lidar com a própria debilidade é querer se superar!

Dar-se conta dos próprios sentimentos e emoções, das intenções que nos movem, do que pode ser mesquinho e pouco nobre. A partir dessa constatação, forja-se o próprio caráter.

A estatura moral de um líder se mede através de três dimensões:

1. **Pela qualidade de seus ideais:** Expressão da visão de mundo e da captação da realidade, ambos sendo fruto de uma sabedoria que supera qualquer ciência.
2. **Pelos meios que emprega para atingir os ideais a que se propõe:** E aqui destacamos o poder transformador e a reação em cadeia que tais ideais provocam no próprio líder, como força motriz.
3. **Pelas intenções que movem o líder na busca desses ideais:** O próprio interesse e o bem maior formado pelo legítimo interesse de outras partes.

A ILUSÃO NARCISISTA

*T*odos nós temos experiência de lidar com pessoas narcisistas. Conhecemos o mito de Narciso e, com certeza já tivemos líderes narcisistas.

Mas talvez nós não tenhamos nos dado conta de que, em alguma medida, o narcisismo também tem na alma de cada um de nós um lugar. É importante que nos conheçamos para poder identificar traços mais característicos em nós mesmos.

Quanto de narcisista existe em você?

A verdade é que o fenômeno das redes sociais acentuou a síndrome de Narciso. Eis algumas das manifestações do narcisismo:

- Aumento exagerado da própria importância e unicidade.
- Incapacidade de identificar sentimentos e emoções nos outros.
- Redução da capacidade de tolerar críticas e da capacidade de preocupar-se pelos outros.
- Interpretação inadequada da realidade, especialmente as próprias habilidades, valores e conquistas.

Como não poderia ser diferente, todos esses aspectos fazem com que avaliemos mal nossa liderança e nosso desempenho.

O narcisismo pode ser detectado através de dois comportamentos observáveis: exibicionismo e *self-absorption*. Na verdade, são as características de dois vícios: vaidade e soberba, realidades da nossa condição humana.

A SEDUÇÃO DOS DADOS

"*T*udo que é racional é real, e toda a realidade é racional."

Assim como Hegel ficou extasiado pelo próprio sistema de pensamento, o racionalismo absoluto que tudo explicava, o mundo corporativo se deixou seduzir por diversas teorias da ação humana de vieses mecanicista e utilitarista que norteiam a lógica de muitos modelos matemáticos.

Adotando como premissa a lógica do egoísmo por cima da lógica do dom, atribuímos o interesse próprio como mecanismo básico de explicação das escolhas livres de cada pessoa. Assim, tais "modelos" pretendem ser instrumentos preditivos que auxiliam a tomada de decisão.

Sabemos que o ser humano não deve se colocar a serviço da tecnologia, mas, na prática, é o que está acontecendo. Na tentativa de entender e dominar a realidade, queremos simplificá-la até o ponto de transformá-la em ciência exata.

Os algoritmos nos inserem no mundo de Matrix, do qual somos incapazes de sair. Desse modo, a conduta humana se torna previsível e podemos tomar decisões de forma menos assertiva.

Parametrizamos nossas decisões e desenvolvemos teorias aplicáveis à economia, ao comportamento social e à moral. Mas o que faremos com a variável mais importante dessa equação: a nossa liberdade?

Isso nos faz mais prudentes e justos?

A VERDADEIRA RESILIÊNCIA

*C*riar musculatura para competir em ambientes de negócio cada vez mais complexos não é nada trivial.

Ainda que a inteligência de mercado, cada vez mais suportada por dados e algoritmos, auxilie na definição e na adequação de estratégias, seguimos contando, e muito, com o fator humano!

Na *digital economy*, cada vez mais se percebe a necessidade de cuidar das pessoas. Nunca se falou tanto de saúde mental e segurança psicológica. Empresas resilientes são o resultado de líderes resilientes, responsáveis por criar uma cultura forte de cuidado e atenção com as pessoas. Tais ações são fruto de competências morais da liderança, tais como integridade e justiça.

Para realizar a transformação do negócio e aumentar a resiliência da organização, temos que transformar hábitos de pensamento e comportamento; tarefa impossível sem confiança entre as partes. Nesse terreno, há ações de custo zero com enorme impacto motivacional, como o sentir-se cuidado e ouvido.

Para poder contar com excelentes pessoas, ofereça-lhes, em primeiro lugar, a oportunidade de trabalhar num projeto que lhes abra horizontes e desperte grandes ambições, propósito, ideais de serviço e impacto social.

Mentes fortes são necessárias para tomar boas decisões, um grande desafio para as organizações. Tal atributo é cultivado diariamente tendo líderes inspiradores que garantem um ambiente de transparência e liberdade para o debate de ideias, estimulando o dissenso e a diversidade de pensamento. Tremendamente formativo e alimento natural da virtude da prudência, que leva à sabedoria!

Evidentemente, não basta somente contar com o ambiente; trata-se de ter as pessoas certas no lugar certo, para que saibam e queiram fazer o que é certo, do jeito certo, porque é o certo.

Vontades firmes garantem a realização do que foi planejado. Sem isso, é impossível alcançar a resiliência organizacional, que diz respeito a oferecer novos produtos e serviços com novas maneiras de executar e entregar – tarefa absorvente e cansativa que exige muita energia e vontade. Ao mesmo tempo, nota-se que é uma qualidade em falta no mercado.

São necessários profissionais tenazes, constantes e determinados, que tenham aprendido a esperar, ensinados e forjados pela experiência de muitas horas de voo.

OS TRÊS PILARES DA LIDERANÇA

*T*odos estamos de acordo que exercer a liderança sobre outras pessoas sem exercê-la sobre si mesmo é uma tarefa impossível, certo? Apesar da evidência, muitos executivos ainda não captaram essa verdade tão simples. Não basta somente a competência técnica, temos que ser também peritos em humanidade.

Atualmente, muito se fala sobre liderar o processo de desenvolvimento das pessoas através do coaching. Algumas empresas, imbuídas de boas intenções, mas desprovidas de conhecimento prático sobre tal tema, estão deixando-se arrastar por essa nova onda, esquecendo-se de que o mais importante não é o processo, mas as pessoas. Em primeiro lugar, temos que formar aquele que formará.

E para cumprir tal missão, nada melhor do que aplicar os ensinamentos daquele que é conhecido como o mais sábio dos homens. Sócrates nos diz que temos que começar por nós mesmos: conhece-te a ti mesmo!

Não podemos falar de liderança sem falar do que existe de mais profundo e nobre no homem. Falar de liderança é falar de hábitos, comportamentos e virtudes; fatores que definem o homem como um ser que é chamado a realizar-se em si mesmo. No entanto, essa realização, para que seja plena, exige como pré-requisito o autoconhecimento.

Não pode haver verdadeira liderança onde não existe um verdadeiro conhecimento de si mesmo que traz consigo a identificação de fortalezas e debilidades. Tal fato nos leva a um realismo muito importante para o dia a dia de um tomador de decisões.

Há alguns anos, Jim Collins publicou um artigo na *Harvard Business Review* afirmando a importância da humildade – real conhecimento de si mesmo – para vencer a última etapa no processo de desenvolvimento de um líder. Com esse artigo, Collins enfatiza que há uma diferença entre um líder de alto nível e qualquer outro: o primeiro, por conhecer bem suas capacidades, sabe atribuir o valor necessário à contribuição que recebeu da sua equipe. Já o segundo comemora os sucessos como sendo resultados exclusivos das suas ações.

Enquanto o segundo não deixa de ver a sua imagem refletida no espelho e assume uma postura narcisista, o primeiro sabe se debruçar na janela da realidade e contemplar os fatos tal como são, com realismo e objetividade, sabendo valorizar adequadamente a contribuição das pessoas e até mesmo da sorte na consecução das metas propostas.

No entanto, além da humildade, diria que um líder de alto nível não pode estar completo sem a presença de outros dois aspectos: o autogoverno e a formação de pessoas.

O autogoverno, ponto essencial para qualquer líder, é fruto de um conhecimento mais profundo das suas potencialidades. Se há uma falha ao se conhecer, também haverá uma falha na capacidade de se dirigir. Imagine, então, ao governar e formar outras pessoas!

Quando falamos de autogoverno e formação de pessoas, entramos mais propriamente no campo dos hábitos e das qualidades. Governar a si mesmo exige aprender novos hábitos e desaprender os antigos, num processo de contínuo aprimoramento; diz respeito a uma postura ativa diante de si mesmo. Tal atitude nem sempre é encarada de modo favorável pelas pessoas, já que envolve uma mudança sobretudo interna, que traz consigo uma mudança de valores e de critérios para a tomada de decisões.

Uma vez lançadas as bases para o autoconhecimento e o auto-governo, estamos em condições de falar em formação de pessoas. Não é possível realizar um bom trabalho de formação de pessoas sem ter passado pela experiência do conhecimento próprio e do domínio de si mesmo. Um bom formador é aquele que conduz outras pessoas pelos caminhos que ele mesmo já trilhou.

Formar pessoas significa fazer com que elas se encarem consigo mesmas (autoconhecimento) e que, como resultado, adquiram novos hábitos que as coloquem em condições de desempenhar plenamente as suas funções e exercer as suas responsabilidades (autogoverno).

Da noite para o dia, encarregamos essas tarefas a pessoas que não estão adequadamente preparadas para exercer tal função. Assim, o resultado final é pouquíssimo significativo.

A solução é evidente: retirar as vendas, ser capaz de ver. Para ajudar outros a se conhecerem, em primeiro lugar ,temos que nos conhecer muito bem. Ninguém dá o que não tem! Nesse sentido, o conhece-te a ti mesmo socrático continua perfeitamente atual e necessitado de ser colocado em prática por cada um de nós. Para conhecer os outros, conheça a si mesmo. Analogamente podemos dizer: para liderar os outros, lidere a si mesmo.

CONSELHO Nº 8: SEJA HUMILDE

A primeira e mais importante característica para liderar é a humildade. Sem ela, não há verdadeiro autoconhecimento, fonte e origem do autogoverno.

Uma pessoa orgulhosa não se conhece de modo objetivo, não avalia adequadamente suas qualidades e defeitos. Tem dificuldade para reconhecer aspectos a desenvolver, supervaloriza seus pontos fortes, é refratária a feedback. Tal postura dificulta a capacidade de escuta.

Ver-se à luz das próprias qualidades e defeitos ajuda muito a ser objetivo e facilita o desenvolvimento de um mindset de crescimento.

Na era digital, trata-se de algo essencial. Revela inteligência e capacidade de reflexão. Não se trata de abandonar valores e convicções, mas de saber diferenciar o essencial do acidental, tendo em conta o propósito na tomada de decisões e na liderança de pessoas e equipes.

As *soft skills* serão decisivas nesse novo tempo. Liderar requer compreender o alcance e o impacto das ações e decisões tomadas diariamente. Implica saber reconhecer erros, voltar atrás, rever atitudes e comportamentos.

Entender a sua atuação além das fronteiras do próprio eu ou do negócio revela sensibilidade e preocupação pelos outros, além de altruísmo e generosidade. Verdadeira demonstração de humildade.

CONSELHO Nº 9: TENHA VALORES

Os valores pessoais estão na raiz de todas as atitudes e comportamentos, e na base de todo processo de tomada de decisões.

Ter um propósito e descobrir sua missão pessoal faz com que entenda o próprio papel e passe a influir no ambiente e nas pessoas de modo decisivo. Direciona o uso do tempo, o controle da agenda de trabalho e o estilo de direção mais adequado a cada circunstância.

Na era do conhecimento, atração e retenção de talentos requerem que muitas organizações redefinam e ajustem sua missão para expressar mais claramente seu sentido de propósito. O desejo de fazer a diferença, de trabalhar em algo que gere impacto positivo na sociedade e pensar no bem comum vem ganhando espaço. Não se trata apenas de um desejo de realização pessoal; tem relação com a descoberta da própria missão pessoal, que confere força e vigor a qualquer ideal.

A ambição pessoal, sem as virtudes próprias de uma pessoa que pensa grande, que é magnânima, acaba reduzida à pura busca de satisfazer os próprios anseios individuais. Na prática, resulta em expressões do egoísmo.

O senso de propósito traz, como atitudes próprias, a generosidade, a capacidade de doação, a humildade, o desprendimento e a solidariedade. Os valores revelam a grandeza de uma pessoa, sendo a expressão prática do seu grau de maturidade humana.

CONSELHO Nº 10: FORJE SEU CARÁTER

As próprias debilidades limitam a forma de pensar e agir. Podem chegar a constituir sérios obstáculos na medida que incapacitam para uma leitura inteligente da realidade e cultivam determinado *modus operandi*.

Algumas vezes, tais debilidades se apresentam na forma de apegos dos quais é preciso se libertar. Dentre eles, há um especialmente danoso: o apego à própria imagem, fonte de vaidade e soberba. Esse apego excessivo à imagem muitas vezes pode paralisar, gerar insegurança e ansiedade.

Medo do fracasso, medo de ficar mal, medo de errar. O que pensarão ou o que dirão de mim?

Para ganhar essa liberdade interna, é necessário saber lidar com os próprios sentimentos e ambições. Tarefa indelegável que deve ser levada a cabo diariamente através de um processo de autoconhecimento, autoconsciência e autogoverno, que se resume na forja do próprio caráter.

Em outras palavras, significa amadurecer como pessoa, liderar a si mesmo, identificar pontos fracos e aperfeiçoar capacidades e potencialidades já conhecidas.

Forjar o próprio caráter nos faz descobrir nosso eu mais íntimo, aquele que vem à luz com esse contínuo processo de autodescoberta, que exige conjugar os sentimentos com inteligência e vontade.

Vai aqui uma breve descrição de três defeitos de caráter mais comumente observados, e que são a gênese dos demais.

1. **Sentimentalismo:** Forma de atuar que faz com que os sentimentos sejam a principal dimensão motora da conduta humana. Por natureza, nos inclinamos ao que atrai nossos sentidos e afetos e nos afastamos daquilo que provoca repulsa. Dar primazia aos sentimentos sem a mediação da inteligência e da vontade equivale a entregar o comando da vida a uma força irresponsável.

2. **Racionalismo:** Há pessoas para as quais a realidade se reduz à dimensão intelectual; tudo pode ser submetido ao império da razão. Os problemas da existência são dados de uma equação matemática, e o uso da lógica é o método para resolvê-los. Assim, não há lugar para a empatia.

3. **Voluntarismo:** Os voluntaristas costumam ser teimosos e obstinados. Movem-se pelo querer e apoiam-se na sua força de vontade para tudo, como se tudo dela dependessem.

CONSELHO Nº 11: PREOCUPE-SE COM AS ATITUDES

Você sabe qual é a principal razão pela qual as pessoas não mudam?

Não se trata de falta de consciência do que precisam mudar. Na verdade, falta vontade firme para levar adiante o processo de mudança pessoal, juntamente com os incômodos, as dores e os sentimentos de inadequação que o acompanham.

O que é mais fácil: mudar nossa forma de pensar ou mudar o nosso comportamento?

O coaching atitudinal atua fortemente nessas duas esferas: a do pensar e a do agir. São esferas que se complementam e se autoalimentam.

Em termos práticos, a experiência nos traz a evidência de que somos o que fazemos. Ou seja, se queremos mudar a maneira de pensar, temos que fazer coisas diferentes. No entanto, tal fato requer a abertura de mente do próprio interessado, algo que exige uma grande virtude: humildade. Humildade para deixar-se aconselhar e humildade para aprender novos hábitos, algumas vezes deixando de lado anos de experiência.

O coaching atitudinal tem como desafio motivar a pessoa a agir de outro modo, algo impossível sem a disposição que nos confere humildade. Ao mesmo tempo, é importante adquirir um novo modo de agir e trabalhar, que exige capacidades de autogoverno.

Não basta saber o que temos que fazer, é necessário fazer o que temos que fazer. Para isso, entram em jogo duas outras virtudes: fortaleza e temperança.

O coaching atitudinal nos ajuda a desenvolver uma vontade firme e determinada. Ele auxilia no processo de autoconhecimento, requisito primeiro para o autogoverno, e estimula enormemente a nossa liberdade para que, de modo consciente, possamos agir de acordo com os nossos propósitos, movidos pela verdade sobre nós mesmos.

CONSELHO Nº 12: TRANSFORME-SE PARA TRANSFORMAR

Quando o líder se conhece, identifica suas deficiências e atua para superá-las, consegue alcançar a profunda compreensão de sua responsabilidade enquanto agente transformador tanto na organização como na sociedade.

Quanto mais virtuosa for uma pessoa, maior será o impacto positivo e duradouro de suas ações.

Se você tem um propósito de grandeza e uma intenção sincera de transformar a sociedade, comece por uma melhor compreensão de si mesmo.

É necessário uma transformação pessoal, por meio da qual somos desafiados a desenvolver o próprio potencial, o nosso caráter, as nossas virtudes humanas, as nossas atitudes e os nossos comportamentos.

Transforme-se para transformar!

CONSELHO Nº 13: APOSTE NO TIME

*O*s líderes excelentes sabem que a própria performance depende do desempenho e do apoio do time. Apostar no time é essencial!

Trata-se de ser capaz de gerir a criatividade coletiva, fomentando um ambiente de confiança e de saudável dissenso entre os membros da equipe. Para tanto, devemos ter determinado mindset, ajustar o modo de trabalho da equipe e promover o debate de ideias.

Proponho três focos de atenção:

1. *Agir com intencionalidade*

A intencionalidade é a chave da atuação humana. Através dela, colocamos em ação nossas capacidades mais nobres: inteligência, vontade, imaginação e memória.

Se você não tiver uma disposição ativa para estimular e promover a criatividade, tudo não passará de bons desejos. Lembre-se: Toda ação gerencial deve ter uma intenção clara e definida!

Tudo começa a partir de um entendimento claro sobre a criatividade e a adoção de um estilo de liderança capaz de gerenciar as diferentes habilidades, metas e formas de aprendizagem de cada integrante do time.

2. *Definir um modus operandi*

Como deve ser a dinâmica do time, a fim de gerar um fluxo de ideias e pensamentos que levem a abordagens e soluções novas para velhos problemas?

Como organizamos o trabalho e como promovemos relações interpessoais que nos forneçam os insights de que necessitamos? Trata-se de criar um ambiente que promova a capacidade de análise, a abertura de mente, a comunicação clara e a organização. Pontos que ajudam não somente a resolver antigos problemas, mas a identificar e encaminhar novas questões que podem surgir.

Montar equipes que tenham expertise, motivação e habilidades em pensamento crítico e empoderá-las é uma parte do segredo. Definir rotinas, fóruns de discussão e debates abertos de ideias é a outra parte, tão importante quanto.

3. *Promover a abrasão criativa*

Para estimular o debate aberto de ideias e não de posições, é importante despersonalizar conflitos e estimular a chamada abrasão criativa. Trata-se de estabelecer um novo modo de comunicar.

Para isso, cada pessoa do time precisa aprender a escutar, perguntar e defender ideias, tendo sempre presente o propósito comum. É preciso formar uma equipe em virtudes fundamentais, como desapego, generosidade, humildade e serviço.

Cabe ao líder cuidar dos aspectos afetivos, intelectuais e emocionais que devem ser endereçados para criar um ambiente de confiança e segurança psicológica, onde tais virtudes (e muitas outras) possam florescer.

CONSIDERAÇÕES FINAIS

Através deste livro, minha intenção foi oferecer uma jornada interior que levasse você a se aprofundar na complexidade do humano e a identificar pontos de desenvolvimento pessoal e profissional.

Continuando com o fio condutor dessa reflexão, neste momento convido-o a explorar as três dimensões a seguir e realizar, deste modo, um processo de autoconhecimento e autogoverno. Quem sou eu em cada uma das três camadas do meu ser humano: emocional e psíquica, antropológica e espiritual, social e comunitária?

Sempre que tenho oportunidade, gosto de lançar esta pergunta às pessoas: se tivesse que expressar o seu nível de autoconhecimento, de zero a 100%, qual seria sua resposta? E se falamos sobre a capacidade de liderar a si mesmo, a resposta seria a mesma em cada uma das camadas?

A complexidade do agir humano, as diversas dimensões da natureza humana e a imensa variedade de situações e circunstâncias às quais estamos submetidos nos permitem refletir sobre o grau de profundidade em que nos conhecemos e a nossa capacidade de autogoverno. Em outras palavras, nos referimos à nossa capacidade para aprender.

Tal capacidade de aprender o que deveríamos (chamo isso de aprendizado positivo) também varia de pessoa para pessoa, dentre outras coisas, porque guarda relação com as próprias disposições.

Por exemplo, para aprender positivamente, é necessária uma abertura que não é tão comum como se pensa, ainda mais ao se tratar das dimensões mais profundas do ser humano. Não bastam os bons mestres se faltam os bons alunos...

Existem mentes impermeáveis tanto porque são simplistas em sua visão de mundo quanto porque estão muito certas de suas convicções. Trata-se de uma questão não somente de ordem intelectual; diz respeito também a uma vontade de não querer refletir, aprender etc.

Eis aqui um roteiro que pode ser usado nessa jornada interior, rumo ao autoconhecimento e autogoverno.

1. *Look inside: Dimensão emocional e psíquica*
   (Eleve o seu nível de consciência)

- Identifique seus hábitos de pensamento e de comportamento, seu *modus operandi*.
- Entenda a lógica do seu processo de tomada de decisões, seu mindset e seus vieses (conscientes ou inconscientes).
- Conheça suas vulnerabilidades.

   Sugiro que tome nota, de modo sistemático, de alguns fatos relevantes ao longo da jornada diária. identifique o que, para você, é causa de estresse e o que o deixa em estado de *flow*.

2. *Go deep: Dimensão antropológica e espiritual*
   (Explicite seus valores)

- Quais são seus valores inegociáveis?
- De que coisas não gostaria de se arrepender no futuro?
- De que aspectos da vida não gostaria de abrir mão?

   Recomendo que reflita sobre seu momento de carreira e de vida, seus medos e suas inseguranças, sobre o que lhe traz satisfação e realização.

3. *Reach beyond: Dimensão social e comunitária*
   (Pense grande, sonhe grande)

- Quais são seus ideais?
- Como gostaria de impactar as pessoas ao seu redor?
- Qual é sua missão pessoal?

Identifique fatores que possibilitem o *flourishing*[17], os espaços de bem-estar pessoal a serem preenchidos nos diversos âmbitos da vida e que têm ligação direta com os aspectos mais profundos da alma humana: a busca de um significado maior do que si mesmo.

Proponho agora uma última reflexão sobre o pensar, o decidir e o liderar. Algo que tem relação direta com o nosso mindset e, de modo mais profundo, com os nossos hábitos de pensamento e de comportamento.

---

17 Conceito associado ao bem-estar e ao desenvolvimento humano ideal. Ele se refere a um estado em que uma pessoa não apenas sobrevive ou está livre de doenças, mas também prospera em diversas áreas da vida. A ideia de *flourishing* está ligada ao florescimento humano, um conceito amplamente estudado em filosofia, psicologia positiva e educação, especialmente por estudiosos como Aristóteles e o psicólogo Martin Seligman.

Os principais elementos do *flourishing* incluem:

1. Bem-estar emocional: Sentimentos de felicidade, satisfação e uma perspectiva positiva.

2. Realização pessoal: Viver de forma a realizar o próprio potencial e atingir metas significativas.

3. Relações positivas: Ter relacionamentos saudáveis e que deem suporte.

4. Propósito de vida: Ter objetivos que dão sentido à existência.

5. Engajamento: Estar envolvido e absorvido nas atividades diárias.

Esse conceito é central na psicologia positiva, no qual a meta é ajudar as pessoas a alcançar uma vida plena e satisfatória, indo além do simples combate ao sofrimento ou à doença.

SOBRE O *Pensar*: BUSQUE A VERDADE

Saber que existe a verdade clareia a mente e nos tira da região da dúvida, do relativismo ou da indiferença.

Em um mundo globalizado, a multiculturalidade é a nova ordem. Corremos o risco de voltar aos tempos dos sofistas, quando a diversidade dos costumes fazia crer que tudo era opinável e, portanto, igualmente válido.

Usando a retórica, demonstravam qualquer coisa. Foram Sócrates, Platão e Aristóteles que introduziram a racionalidade quando só havia a arte do discurso e das palavras vazias.

Opina-se sobre tudo, como se de tudo soubéssemos. Opina-se sem fundamento, opina-se a todo tempo. Se ao menos estivéssemos mais conscientes do que não sabemos, o silêncio viria ao nosso encontro e seria nosso aliado. É muito fácil opinar sobre o que não se sabe, basta ignorar. Mas ignorância não é conhecimento; é ausência da ciência devida.

Nos dias que correm, o plantão dado "pelos que não sabem" é contínuo. E fazem tanto barulho que seu ruído é ensurdecedor. Um pouco de humildade e sabedoria sempre vai bem!

A humildade é fruto da sabedoria. Como essas duas qualidades estão em falta no mercado...

SOBRE O *Decidir*: TRÊS DIMENSÕES DA TOMADA DE DECISÕES

*D*e acordo com Juan Antonio Pérez Lópes[18], em todo processo de tomada de decisões existem três dimensões a serem consideradas: eficácia, eficiência e consistência.

A primeira delas, e a que nunca costuma estar ausente no processo de tomada de decisões, é a eficácia. Quando temos um problema a resolver ou uma meta a alcançar, imediatamente pensamos em linhas de ação que garantam que atingiremos o nosso objetivo.

Ao mesmo tempo, enquanto pensamos no problema que queremos solucionar, não é incomum que nos venham à cabeça diversos modos de atuar. Nesses momentos, percebemos que uma segunda dimensão do processo de tomada de decisão se apresenta: a eficiência.

Pérez Lópes refere-se à eficiência como sendo a dimensão que diz respeito à escolha do melhor modo de encaminhar um problema. É o resultado de um amadurecimento, que vem com a experimentação e com o tempo. Podemos dizer que, através dessa segunda dimensão, conseguimos avaliar a qualidade de uma decisão do ponto de vista do aprendizado (positivo ou negativo) que produz em nós. Esse é o aprendizado operativo, entendido como capacidade técnica.

---

18 Juan Antonio Pèrez Lòpes foi professor de Teoria da Organização do IESE Business School.

A terceira dimensão, a consistência, faz referência ao impacto da decisão no próprio tomador de decisões, do ponto de vista de um crescimento ético e como pessoa. Também tem relação direta como o aumento ou a diminuição do grau de confiança entre líder e liderados.

Ao mesmo tempo, diz respeito à capacidade de contribuir para a melhora ou a deterioração das relações humanas dentro de uma organização. Esse é o aprendizado ético e moral que pode dar lugar ao desenvolvimento de capacidades éticas e morais.

SOBRE O *Liderar*:
O DNA DA LIDERANÇA

A história e o mundo dos negócios nos oferecem vários modelos de liderança. Muitos deles, com métodos e feitos bastante opostos. Nem todos esses arquétipos refletem igualmente o DNA de uma liderança *outstanding*.

Do ponto de vista da ação, um líder *outstanding* diferencia-se dos demais por meio de três dimensões:

1. **Dimensão intencional:** Suas intenções são claras, conhecidas e orientadas ao bem, norteadas por valores humanos fundamentais; possui um propósito verdadeiro que não se restringe a alcançar objetivos exclusivamente pessoais.
2. **Dimensão intelectual:** Possui uma capacidade de análise do contexto e das situações que lhe conferem agudeza de raciocínio e capacidade crítica.
3. **Dimensão comportamental:** Suas atitudes e comportamentos refletem uma adequada relação entre o fim desejado e os meios empregados. Assim, apresenta-se ponderado nos juízos e usa sua capacidade cognitiva para alcançar fins que são bons. Desenvolve também relações interpessoais sadias que se refletem na capacidade de influenciar.

Ao potencializar a capacidade de execução, essas três dimensões configuram o DNA do líder, atribuindo-lhe o perfil moral. O líder *outstanding* consegue combinar o altruísmo e a humildade com uma grande ambição e determinação.

Caso: BRIDGEWATER ASSOCIATES E O USO DE IA PARA AVALIAÇÃO DE COLABORADORES

BREVE HISTÓRIA DA BRIDGEWATER ASSOCIATES[19]

A Bridgewater Associates é uma gestora de investimentos fundada em 1975 por Ray Dalio, inicialmente operando a partir de seu apartamento em Nova York. Com um capital inicial de apenas US$ 4 mil, a empresa começou oferecendo consultoria financeira e publicando análises de mercado. Seu crescimento significativo ocorreu após firmar parceria com grandes clientes corporativos, como o McDonald's. Em 1981, a Bridgewater estabeleceu seu escritório em Westport, Connecticut, e lançou estratégias de investimento inovadoras, incluindo o fundo *Pure Alpha* em 1991 e o *All Weather* em 1996, que introduziu o conceito de "paridade de risco" na alocação de ativos. Em 2005, a Bridgewater tornou-se o maior *hedge fund* do mundo, posição que manteve nos anos subsequentes. A empresa é reconhecida por sua cultura de transparência radical e meritocracia de ideias, princípios que Ray Dalio detalhou em seu livro *Princípios: Vida e Trabalho*. Em 2022, Dalio deixou o cargo de co-diretor de investimentos, mas a Bridgewater continua a influenciar o mercado financeiro global.

---

19   Este texto foi produzido pelo autor em interação com LLM (Large Language Models), modelos de aprendizado de máquina (Machine Learning) que usam algoritmos de aprendizado profundo (Deep Learning) para processar e entender a linguagem natural. Não tem a finalidade de propor soluções para questões ou problemas de direção de empresas.

INTRODUÇÃO

Bridgewater Associates, um dos maiores fundos *hedge* do mundo, é amplamente conhecido por sua cultura organizacional distintiva, que combina uma abordagem inovadora e radicalmente transparente à gestão de pessoas e tomada de decisões. A empresa adota princípios que defendem uma meritocracia de ideias, transparência radical e uso de inteligência artificial (IA) como ferramentas essenciais para decisões fundamentadas e avaliações precisas. Esta filosofia de gestão orienta a Bridgewater a implementar um sistema robusto de IA para avaliação de desempenho, que ajuda a alinhar as práticas diárias dos colaboradores com a missão organizacional, ao mesmo tempo em que enfrenta desafios complexos em relação à privacidade e ao bem-estar.

CONTEXTO E MOTIVAÇÃO

A filosofia de Dalio, amplamente discutida e debatida, defende que decisões objetivas e baseadas em dados são fundamentais para o sucesso de qualquer organização. A introdução da IA como ferramenta de avaliação surgiu como uma tentativa de eliminar vieses humanos, os quais ele acredita que influenciam negativamente o julgamento e a tomada de decisão. Além disso, a IA facilita o feedback contínuo e a identificação de talentos, aspectos centrais da meritocracia defendida na Bridgewater. Os objetivos específicos para a implementação da IA incluem:

1. **Redução de vieses humanos:** Buscando avaliações mais objetivas e justas.
2. **Feedback contínuo e instantâneo:** Para promover uma cultura de melhoria constante.
3. **Identificação de talentos e àreas de desenvolvimento:** Aprimorando a mobilidade de carreira e liderança interna.

IMPLEMENTAÇÃO DO SISTEMA DE IA

O sistema de IA da Bridgewater, conhecido como *Dot Collector*, coleta dados em tempo real sobre o desempenho dos colaboradores em reuniões e interações diárias. A tecnologia acompanha continuamente as ações dos colaboradores, criando uma avaliação holística que engloba a percepção dos pares, a autoavaliação e o feedback dos supervisores. Esse sistema, embora poderoso, levanta questões sobre como equilibrar a transparência com a autonomia individual, desafiando os colaboradores a adaptar suas atitudes para alcançar melhores resultados enquanto lidam com o constante monitoramento.

COMPONENTES DO SISTEMA

1. **Coleta de dados:**

    - **Feedback de pares:** A cultura de transparência da Bridgewater permite que os colaboradores avaliem uns aos outros em métricas como criatividade, assertividade e capacidade de tomada de decisão. Isso encoraja a colaboração e responsabiliza todos os envolvidos.
    - **Autoavaliação:** Espera-se que os colaboradores reflitam regularmente sobre seu próprio desempenho, promovendo autoconhecimento e responsabilização individual.
    - **Observações de supervisores:** Supervisores e líderes fornecem feedback constante e direcionado, tornando o processo de avaliação mais dinâmico e objetivo.

2. **Análise de dados:**

- A IA do sistema analisa o feedback e aplica algoritmos avançados para detectar padrões e tendências, minimizando vieses de interpretação. Os algoritmos são ajustados para integrar dados históricos, permitindo projeções do potencial de crescimento de cada colaborador e sugerindo oportunidades de desenvolvimento. No entanto, essa dependência tecnológica introduz uma dimensão impessoal, que muitas vezes pode falhar em capturar as nuances do comportamento humano.

3. **Pontuação e relatórios:**

- O sistema gera uma pontuação dinâmica para cada colaborador, refletindo uma avaliação de desempenho contínua. Essa pontuação, associada a relatórios detalhados, serve como referência para as tomadas de decisões sobre recompensas, promoções e treinamentos. A transparência radical desse sistema expõe as avaliações, desafiando cada colaborador a demonstrar um desempenho consistente.

RECOMPENSAS E CONSEQUÊNCIAS

O sistema de IA da Bridgewater não só avalia o desempenho, mas também integra recompensas e consequências para alinhar a performance individual com os objetivos organizacionais. Essa transparência total é um pilar fundamental, mas também levanta questões sobre pressão e desgaste emocional, pois o ambiente cria uma vigilância contínua sobre o desempenho.

1. **Recompensas:**

    - **Bônus de desempenho:** A meritocracia de ideias é incentivada com bônus financeiros, motivando os colaboradores a buscar melhorias constantes.
    - **Promoções e oportunidades de crescimento:** A IA identifica líderes potenciais, proporcionando promoções aos que mantêm um alto desempenho.
    - **Desenvolvimento de carreira:** Planos personalizados ajudam os colaboradores a alcançar suas metas de desenvolvimento.

2. **Consequências:**

    - **Feedback estruturado:** Pontuações baixas levam a feedback detalhado, com a possibilidade de planos de melhoria.
    - **Reavaliações constantes:** Desempenho baixo persistente pode resultar em reavaliações e até no término do contrato.

IMPACTO E RESULTADOS

O uso da IA nas avaliações da Bridgewater trouxe impactos notáveis, sendo um avanço em meritocracia, mas também levantando desafios:

1. **Redução de vieses:** A IA minimizou preconceitos inconscientes e ajudou a manter a meritocracia.
2. **Feedback Contínuo e melhoria constante:** A transparência imediata do feedback permite ajustes rápidos.
3. **Identificação de talentos internos:** Talentos são descobertos e desenvolvidos internamente, reduzindo a necessidade de contratação externa.

DESAFIOS E CONTROVÉRSIAS

A Bridgewater Associates posiciona-se na vanguarda do uso de IA em avaliação de desempenho e gestão de talentos, buscando promover uma cultura de transparência e meritocracia. Apesar dos benefícios na redução de vieses e no desenvolvimento de talentos, o sistema levanta preocupações sobre a relação entre monitoramento constante e bem-estar dos colaboradores. A experiência da Bridgewater revela a complexidade de equilibrar as capacidades da IA com as necessidades humanas.

A implementação dessas práticas não está isenta de desafios, como a adaptação dos colaboradores a um ambiente de feedback tão aberto e direto e o gerenciamento eficaz de conflitos que possam surgir. No entanto, para Ray Dalio, os benefícios dessa abordagem inovadora que combina feedback humano e análise algorítmica são inegáveis, criando uma organização mais eficiente, com um ambiente de alta confiança e aprimoramento contínuo, onde os colaboradores se sentem seguros para expressar suas opiniões e ideias.

Essa abordagem inovadora não está isenta de problemas e controvérsias. Ao tentar implementar a transparência radical e um sistema de IA abrangente, a Bridgewater se depara com questões sensíveis, tais como:

1. **Privacidade dos colaboradores:** A coleta contínua de dados levanta questões sobre a privacidade. Mesmo com consentimento, alguns podem sentir-se monitorados e questionar o quanto da sua liberdade é preservada.
2. **Pressão e estresse:** O sistema de feedback constante e público pode levar a um ambiente de alta pressão, em que os colaboradores se sentem continuamente avaliados, o que pode prejudicar a saúde mental e o bem-estar.
3. **Dependência da tecnologia:** A dependência da IA pode levar a uma abordagem mecanicista das avaliações, cujas características humanas mais sutis são desconsideradas.

A IA tende a privilegiar dados quantitativos, negligenciando aspectos qualitativos, o que pode causar uma visão distorcida do colaborador.

4. **Constrangimento e Comparação:** A avaliação aberta permite que os colaboradores comparem seus desempenhos entre si, o que pode gerar constrangimento e prejudicar a confiança. As relações profissionais podem ser abaladas pelo excesso de exposição e pela necessidade de conformidade para se encaixar nos padrões de avaliação.

5. **Autenticidade versus Conformidade:** A transparência radical cria uma cultura em que os colaboradores podem sentir-se pressionados a agir conforme as expectativas dos pares e superiores, o que tem potencial de impactar a autenticidade.

ANEXO 1

Os níveis de uso da Inteligência Artificial (IA) podem ser classificados de acordo com a complexidade e a autonomia dos sistemas de IA. Esses níveis refletem como a IA interage com os usuários e o ambiente, e como ela é utilizada para resolver problemas ou realizar tarefas. Aqui estão os principais níveis de uso da IA:

1. **Automação Robótica de Processos (RPA)**

   Descrição: Envolve o uso de bots para automatizar tarefas repetitivas e baseadas em regras, como processamento de transações, manipulação de dados e respostas automáticas a consultas.

   - **Exemplo:** Automação de tarefas administrativas, como entrada de dados em sistemas financeiros.

2. **Assistência baseada em regras**

   Descrição: IA que segue conjuntos predefinidos de regras para realizar tarefas específicas, as quais são estáticas e não envolvem aprendizado ou adaptação.

   - **Exemplo:** Sistemas de recomendação simples, como recomendações de produtos baseadas em compras anteriores.

3. **Assistência inteligente**

   Descrição: Envolve sistemas de IA que assistem os usuários realizando tarefas complexas, oferecendo sugestões ou realizando ações com base em análise de dados.

   - **Exemplo:** Assistentes virtuais como a Siri ou Alexa, que respondem a comandos de voz e podem realizar tarefas como configurar lembretes ou tocar músicas.

4. **Análise e previsão baseada em IA**

   Descrição: IA que analisa grandes volumes de dados para identificar padrões e fazer previsões. Envolve aprendizado de máquina para melhorar a precisão ao longo do tempo.

   - **Exemplo:** Algoritmos de aprendizado de máquina que preveem a demanda por produtos ou identificam tendências de mercado.

5. **IA autônoma**

   Descrição: IA que pode operar de forma independente, tomando decisões e realizando ações sem intervenção humana. Envolve o uso de redes neurais profundas e outras técnicas avançadas de aprendizado.

   - **Exemplo:** Veículos autônomos que navegam e tomam decisões de direção sem assistência humana.

6. **IA adaptativa e cognitiva**

   Descrição: IA que simula a cognição humana, capaz de aprender continuamente e adaptar-se a novas situações de forma dinâmica. Pode envolver aprendizado por reforço, no qual a IA aprende através da experiência.

   - **Exemplo:** Sistemas de IA que desenvolvem estratégias em jogos complexos, como *AlphaGo*, que aprende a jogar *Go* em níveis super-humanos.

7. **IA emocional e interativa**

   Descrição: IA que interage de forma mais natural com os seres humanos, incluindo o reconhecimento e a resposta a emoções humanas. Pode interpretar e adaptar-se ao estado emocional do usuário.

   - **Exemplo:** Chatbots avançados que ajustam sua resposta com base no tom e no conteúdo emocional da conversa.

8. **IA geral**

   Descrição: Um nível teórico de IA que pode realizar qualquer tarefa cognitiva humana de maneira eficaz e com capacidade de transferência de conhecimento entre diferentes domínios.

   - **Exemplo:** IA geral ainda é um objetivo em desenvolvimento e não foi totalmente alcançado. Ela representa a visão de uma IA que pode executar qualquer tarefa intelectual que um ser humano pode realizar.

Cada nível representa um grau crescente de complexidade, autonomia e capacidade de adaptação da IA, refletindo a progressão tecnológica e a evolução dos próprios sistemas.

ANEXO 2

USO DE DADOS PREDITIVOS

Os dados preditivos utilizam técnicas de análise avançada, como aprendizado de máquina, estatísticas e modelagem preditiva, para identificar padrões em dados históricos e atuais. Essas técnicas permitem prever o desempenho futuro dos avaliados, geralmente em contextos como avaliação de colaboradores, estudantes, ou até mesmo a previsão de desempenho de produtos e mercados. Aqui está uma explicação detalhada de como isso funciona:

1. **Coleta e organização de dados**

   - **Histórico de desempenho:** Dados sobre o desempenho passado do indivíduo ou grupo, como avaliações de desempenho anteriores, métricas de produtividade, feedback etc.
   - **Dados demográficos e de comportamento:** Informações sobre idade, educação, experiência, padrões de comportamento e outras características relevantes.
   - **Fatores contextuais:** Informações sobre o ambiente de trabalho, condições econômicas, mudanças na organização, entre outros.

2. **Análise de padrões e pendências**

   - **Identificação de correlações:** O modelo analisa os dados para identificar correlações entre diferentes variáveis. Por exemplo, pode-se descobrir que colaboradores com determinado tipo de formação têm maior probabilidade de alcançar metas específicas.
   - **Reconhecimento de padrões:** Algoritmos de aprendizado de máquina detectam padrões complexos que podem não ser evidentes a partir de uma simples análise estatística.

3. **Modelagem preditiva**

- **Criação de modelos:** Utilizando os padrões identificados, os analistas criam modelos matemáticos que podem prever o desempenho futuro. Por exemplo, um modelo pode prever a probabilidade de um funcionário atingir um certo nível de desempenho no próximo trimestre.
- **Validação do modelo:** O modelo é testado contra um conjunto de dados separado para verificar sua precisão. Se ele for preciso, é considerado confiável para previsões futuras.

4. **Aplicação dos modelos para previsão**

- **Previsão individual:** O modelo pode ser aplicado a dados de um indivíduo específico para prever seu desempenho futuro. Por exemplo, identificar se um funcionário específico será promovido com base em seu desempenho passado e outras características.
- **Previsão em grupo:** Também é possível prever tendências de desempenho para grupos, departamentos ou a organização como um todo.

5. **Aprimoramento contínuo**

- **Atualização de modelos:** Com o tempo, novos dados são coletados e os modelos são atualizados para refletir mudanças nas condições ou no comportamento dos indivíduos. Isso garante que as previsões permaneçam precisas e relevantes.
- **Feedback e ajustes:** Os resultados reais são comparados com as previsões para ajustar e melhorar continuamente o modelo.

EXEMPLOS PRÁTICOS

- **Avaliação de colaboradores:** Prever quais colaboradores têm maior probabilidade de se destacar em futuros projetos com base em seu desempenho passado, feedback de colegas e dados comportamentais.
- **Educação:** Prever o desempenho acadêmico futuro de estudantes com base em suas notas anteriores, participação em atividades e padrões de estudo.

BENEFÍCIOS

- **Tomada de decisões informadas:** Fornece aos gerentes e líderes informações para tomar decisões mais informadas sobre promoções, treinamentos e desenvolvimento de carreira.
- **Eficiência operacional:** Ajuda as organizações a alocar recursos de maneira mais eficiente, concentrando-se em áreas ou indivíduos com maior potencial de crescimento.

Os dados preditivos, portanto, permitem que as organizações antecipem resultados e tomem medidas proativas para otimizar o desempenho.

ANEXO 3

DOT COLLECTOR: O QUE É FEITO POR ALGORITMOS E O QUE É FEITO PELO SER HUMANO NA BRIDGEWATER

O Dot Collector é uma ferramenta híbrida que combina algoritmos avançados com a inteligência e intuição humanas. Enquanto os algoritmos são responsáveis pela coleta, armazenamento, análise de dados e geração de visualizações, os humanos desempenham papéis críticos no fornecimento de feedback, interpretação de dados e desenvolvimento de planos de ação.

De acordo com Ray Dalio, ajuda a manter uma cultura de transparência e meritocracia, ao mesmo tempo em que garante que os dados coletados sejam usados de maneira eficaz e humana.

O QUE É FEITO POR ALGORITMOS

1. **Coleta e armazenamento de feedback:**

   Algoritmos coletam e armazenam feedback em tempo real conforme os colaboradores fornecem suas avaliações durante reuniões e interações diárias.

   - **Benefício:** Garante que todos os dados de feedback sejam capturados de forma consistente e centralizada, facilitando a análise posterior.

2. **Análise de dados:**

   Algoritmos processam os dados coletados para identificar padrões, tendências e insights sobre o desempenho e comportamento dos colaboradores.

   - **Benefício:** Permite uma análise rápida e precisa de grandes volumes de dados, ajudando a identificar áreas de melhoria e pontos fortes.

3. **Geração de visualizações:**

Algoritmos criam gráficos e outras visualizações para representar as avaliações de forma compreensível.

- **Benefício:** Facilita a interpretação dos dados pelos colaboradores, tornando mais fácil entender seu desempenho ao longo do tempo.

4. **Sugestões de planos de desenvolvimento:**

Com base na análise dos dados, os algoritmos podem sugerir planos de desenvolvimento e treinamento personalizados para os colaboradores.

- **Benefício:** Oferece recomendações baseadas em dados para o crescimento profissional, aumentando a eficácia dos programas de desenvolvimento.

5. **Detecção de anomalias:**

Algoritmos podem identificar feedbacks que fogem ao padrão esperado, sinalizando possíveis erros ou feedbacks mal-intencionados.

- **Benefício:** Ajuda a manter a integridade dos dados de feedback, garantindo que as avaliações sejam justas e precisas.

O QUE É FEITO PELO SER HUMANO

1. **Fornecimento de feedback:**

    Os colaboradores fornecem feedback uns aos outros em tempo real, avaliando aspectos específicos do desempenho e do comportamento.

    *   **Benefício:** O feedback humano é essencial para capturar nuances e contextos que os algoritmos podem não perceber.

2. **Interpretação dos dados:**

    Os gestores e colaboradores interpretam os dados e insights gerados pelos algoritmos para tomar decisões informadas.

    *   **Benefício:** A interpretação humana é crucial para contextualizar os dados e tomar decisões adequadas, considerando fatores qualitativos.

3. **Ajuste de critérios de avaliação:**

    Os gestores ajustam os critérios de avaliação conforme necessário para se alinhar aos objetivos e valores da organização.

    *   **Benefício:** Garante que os critérios de avaliação reflitam as prioridades atuais da empresa e as necessidades específicas dos colaboradores.

4. **Fornecimento de feedback construtivo:**

   Além das pontuações, os colaboradores fornecem comentários detalhados e sugestões de melhoria.

   - **Benefício:** Comentários humanos fornecem contexto e orientações específicas que podem ser mais impactantes do que dados quantitativos isolados.

5. **Tomada de decisões sobre desenvolvimento:**

   Os gestores utilizam os dados e sugestões gerados para criar planos de ação e desenvolvimento para os colaboradores.

   - **Benefício:** A intervenção humana garante que os planos de desenvolvimento sejam realistas, personalizados e alinhados com os objetivos de carreira dos colaboradores.

20 PONTOS DE REFLEXÃO
SOBRE A CULTURA DE TRANSPARÊNCIA
RADICAL DA BRIDGEWATER[20]

1. **Transparência e monitoramento contínuo**

   A cultura de transparência radical na Bridgewater envolve um monitoramento constante de todas as interações e desempenho dos colaboradores. Esse monitoramento, através do sistema Dot Collector, cria um ambiente onde tudo é registrado, aumentando a percepção de vigilância contínua e influenciando comportamentos.

   - **Reflexão:** A presença de monitoramento constante pode melhorar a performance e aumentar a responsabilidade, mas também pode fazer com que os colaboradores se sintam excessivamente vigiados e menos dispostos a correr riscos.
   - **Pergunta:** Como garantir que o monitoramento constante não crie um ambiente de desconfiança?

   Base conceitual:
   Capítulo 1 – Autoconhecimento e autogoverno
   Capítulo 2 – A crise da liberdade
   Capítulo 3 – O risco da liberdade

---

20 O conteúdo aqui apresentado foi produzido através da discussão do caso Bridgewater com executivos. Posteriormente houve interação com LLM (Large Language Models).

2. **Feedback em tempo real**

A IA permite feedback imediato em qualquer interação ou reunião. Embora útil para ajustes rápidos, essa constante avaliação pode gerar estresse e sentimentos de insegurança entre os colaboradores.

- **Reflexão:** Feedback instantâneo pode corrigir problemas rapidamente, mas também pode interromper a fluidez e concentração das tarefas.
- **Pergunta:** Como equilibrar o feedback contínuo sem que ele se torne uma distração no desempenho diário?

Base conceitual:
Capítulo 2 – A capacidade de pensar
Capítulo 2 – A capacidade de agir
Capítulo 3 – Conselho nº. 4: Desenvolva o pensamento crítico

3. **Comparação pública de desempenho**

As avaliações são expostas a todos, o que encoraja uma meritocracia de ideias, mas também pode criar um ambiente de constrangimento e insegurança ao tornar o desempenho de cada indivíduo visível e comparável entre colegas.

- **Reflexão:** A comparação aberta pode incentivar a competitividade saudável, mas também pode afetar a autoestima e o moral de quem não alcança as mesmas notas.
- **Pergunta:** Como podemos garantir que a comparação pública de desempenho estimule o desenvolvimento sem causar constrangimento?

Base conceitual:
Capítulo 1 – Autoconhecimento e autogoverno
Capítulo 3 – A necessidade de aprovação
Capítulo 3 – Nossas fragilidades morais

4. **Pressão pela conformidade**

A cultura de transparência total pode levar os colaboradores a agir conforme as expectativas dos superiores e pares, o que ameaça a autenticidade e pode levar a uma "conformidade forçada".

- **Reflexão:** A conformidade ajuda a alinhar os colaboradores à cultura organizacional, mas pode inibir a criatividade e a inovação.
- **Pergunta:** Como a organização pode incentivar a originalidade e a expressão autêntica dos colaboradores em um ambiente de conformidade?

Base conceitual:
Capítulo 2 – O desafio das ideologias
Capítulo 3 – Conselho n°. 5: Diferencie o verdadeiro do falso

5. **Ambiente desafiador**

A necessidade de atender a expectativas públicas relativas ao desempenho, avaliadas continuamente, cria um ambiente de alta pressão. A transparência, nesse caso, funciona mais como um incentivo à performance do que como uma ferramenta de aprimoramento pessoal.

- **Reflexão:** Um ambiente de alta pressão pode motivar a produtividade, mas também aumenta o risco de burnout.
- **Pergunta:** Como a empresa pode promover uma cultura de transparência radical sem intensificar o estresse dos colaboradores?

Base conceitual:
Capítulo 2 – Equilíbrio interior: A chave da resilência

6. **Autoconsciência e autocrítica constante**

Colaboradores devem se autoavaliar e refletir continuamente sobre seu desempenho. Embora o autoconhecimento seja positivo, a autocrítica constante pode gerar autossabotagem e insegurança.

- **Reflexão:** A autocrítica constante é uma ferramenta de crescimento, mas em excesso pode gerar sentimentos de inadequação.
- **Pergunta:** Como equilibrar a autocrítica para que ela seja produtiva, sem comprometer a confiança dos colaboradores?

Base conceitual:
Capítulo 3 – Conselho n°. 7: Mude a si mesmo

7. **Privacidade e limites pessoais**

A coleta de dados é constante e, embora aceita pelos colaboradores, levanta questionamentos sobre a preservação da privacidade e dos limites pessoais no ambiente de trabalho.

- **Reflexão:** A falta de privacidade pode levar os colaboradores a sentirem que sua vida pessoal e profissional estão excessivamente expostas.
- **Pergunta:** Como a empresa pode respeitar a privacidade dos colaboradores sem comprometer a cultura de transparência?

Base conceitual:
Considerações finais

8. **Impacto na saúde mental e bem-estar**

A transparência radical e o monitoramento contínuo podem prejudicar o bem-estar mental dos colaboradores, elevando os níveis de estresse e esgotamento devido à pressão por altos resultados e desempenho.

- **Reflexão:** O estresse pode impactar a saúde mental, influindo tanto no indivíduo quanto na equipe.
- **Pergunta:** Que medidas podem ser tomadas para proteger a saúde mental dos colaboradores em um ambiente monitorado?

Base conceitual:
Capítulo 2 – Felicidade, equilíbrio interior e virtude
Capítulo 2 – Vidas disfuncionais não geram felicidade

9. **Constrangimento ao receber feedback público**

O feedback é dado em público, o que pode causar constrangimento. Colaboradores podem se sentir expostos e desconfortáveis ao receber críticas na frente de colegas, o que dificulta a receptividade ao feedback.

- **Reflexão:** O feedback público pode ser embaraçoso e fazer os colaboradores hesitarem em arriscar.
- **Pergunta:** Como a empresa pode dar feedback construtivo de forma pública sem constranger o colaborador?

Base conceitual:
Capítulo 4 – Competências morais

10. **Imparcialidade versus Subjetividade nas avaliações**

Embora a IA busque eliminar vieses, os algoritmos ainda podem apresentar tendências implícitas e tratar colaboradores de forma mecanicista, desconsiderando particularidades e nuances individuais.

- **Reflexão:** Embora a IA minimize vieses, ela não elimina a subjetividade de interpretações dos dados.
- **Pergunta:** Como a empresa pode ajustar os algoritmos para capturar aspectos mais subjetivos e qualitativos sobre o desempenho humano?

Base conceitual:
Capítulo 3 – Modelos mentais

11. **Dependência da tecnologia para avaliação**

A Bridgewater depende da IA para fornecer análises e feedback. Contudo, a IA pode negligenciar fatores subjetivos importantes, como empatia e complexidades do comportamento humano, o que pode limitar a eficácia do sistema.

- **Reflexão:** A tecnologia pode falhar ao capturar o caráter humano nas avaliações, tornando o processo frio e insensível.
- **Pergunta:** Como a empresa pode equilibrar o uso de IA e o julgamento humano nas avaliações?

Base conceitual:
Capítulo 4 – A sedução dos dados

12. **Construção de um ambiente de meritocracia real**

A cultura de meritocracia busca recompensar o talento e a contribuição real. No entanto, essa estrutura pode favorecer alguns perfis de colaboradores em detrimento de outros, o que levanta questões sobre a verdadeira justiça e igualdade na organização.

- **Reflexão:** A meritocracia ideal incentiva o talento e esforço, mas, se mal estruturada, pode reforçar desigualdades.
- **Pergunta:** Como assegurar que o sistema de meritocracia realmente beneficie todos os colaboradores de forma justa?

Base conceitual:
Capítulo 4 – Conselho n°. 9: Tenha valores

13. **Relacionamento com superiores e confiança mútua**

A cultura exige que colaboradores deem feedback sincero a superiores, o que pode ser delicado em estruturas hierárquicas. Isso coloca à prova a confiança entre líderes e equipes e pode gerar desconforto.

- **Reflexão:** Feedback entre diferentes níveis hierárquicos pode construir confiança, mas também pode ser difícil para os subordinados expressarem opiniões sinceras.
- **Pergunta:** De que forma a empresa pode promover um ambiente de feedback sincero entre subordinados e superiores?

Base conceitual:
Capítulo 2 – A capacidade de deliberar
Capítulo 4 – Conselho n°. 8: Seja humildade

14. **Desafios na receptividade do feedback**

A Bridgewater encoraja uma transparência total em termos de feedback. Alguns colaboradores, porém, podem resistir ao processo ou não receber bem as críticas, o que pode levar a conflitos interpessoais e dificuldades no trabalho colaborativo.

- **Reflexão:** A transparência no feedback é essencial, mas nem todos os colaboradores estão preparados para recebê-lo de maneira construtiva.
- **Pergunta:** Como a empresa pode preparar os colaboradores para receber feedback de forma produtiva?

Base conceitual:
Capítulo 2 – O desafio do diálogo
Capítulo 3 – Conselho n°. 6: Eduque a vontade

15. **Autonomia limitada pela cultura de transparência**

A transparência radical pode limitar a autonomia e a espontaneidade dos colaboradores, que podem se sentir menos à vontade para experimentar ideias fora do padrão ou expressar opiniões alternativas.

- **Reflexão:** A transparência absoluta pode inibir a independência dos colaboradores e tornar as interações excessivamente padronizadas.
- **Pergunta:** Como a empresa pode incentivar a autonomia dos colaboradores, preservando a transparência?

Base conceitual:
Capítulo 2 – A crise da liberdade

16. **Impacto na retenção de talentos**

A pressão constante e a avaliação pública podem levar a uma alta rotatividade, especialmente entre aqueles que preferem ambientes de trabalho menos intensos e com mais privacidade.

- **Reflexão:** A cultura de monitoramento constante pode afastar talentos que preferem ambientes menos controlados.
- **Pergunta:** Quais adaptações podem ser feitas para tornar a cultura da Bridgewater atraente para diferentes tipos de talentos?

Base conceitual:
Capítulo 4 – Conselho n°. 9: Tenha valores

17. **Polarização do ambiente de trabalho**

Alguns colaboradores podem prosperar nesse ambiente de alta transparência, enquanto outros podem sentir que ele é excessivamente controlador, criando divisões na equipe e impactando a coesão interna.

- **Reflexão:** A transparência radical pode criar divisões entre aqueles que prosperam e aqueles que se sentem incomodados por essa abordagem.
- **Pergunta:** Como criar uma cultura que acomode diferentes perfis e reações à transparência radical?

Base conceitual:
Capítulo 2 – O desafio das utopias
Capítulo 4 – Conselho n°. 13: Aposte no time

18. Consistência versus dissimulação nas avaliações

A transparência radical corre o risco de tornar o feedback uma formalidade vazia. Se os colaboradores dão feedback pensando mais na expectativa dos outros do que em suas opiniões verdadeiras, o sistema se torna ineficaz.

- **Reflexão:** Há o risco de que os colaboradores apresentem respostas consideradas "corretas" para se conformar com as expectativas, em vez de refletirem seu verdadeiro desempenho.
- **Pergunta:** Quais medidas podem ser tomadas para garantir que as avaliações sejam autênticas e não apenas formalidades?

Base conceitual:
Capítulo 4 – Conselho n°. 10: Forje seu caráter

19. Autenticidade versus performance

A transparência radical pode fazer com que os colaboradores priorizem a performance observável, em vez da autenticidade, o que prejudica o desenvolvimento de uma cultura de genuína confiança.

- **Reflexão:** A transparência pode levar os colaboradores a priorizar o desempenho "aparente" em detrimento de autenticidade e inovação.
- **Pergunta:** Como equilibrar a busca por performance com a expressão genuína e autêntica dos colaboradores?

Base conceitual:
Capítulo 4 – A verdadeira resiliência
Capítulo 4 – Conselho n°. 12: Transforme-se para transformar

20. Desafio de liderança em manter a cultura de transparência

Líderes precisam navegar entre incentivar a transparência e garantir que a cultura permaneça acolhedora e inclusiva, sem ser inibidora de comportamentos. Esse equilíbrio é crucial para que a transparência seja uma força positiva na Bridgewater, promovendo eficiência e confiança, mas sem sacrificar o bem-estar e a autenticidade dos colaboradores.

- **Reflexão:** Manter uma cultura de transparência requer habilidade para administrar conflitos, promover confiança e inspirar o engajamento dos colaboradores.
- **Pergunta:** Quais estratégias os líderes podem adotar para garantir que a transparência radical seja uma prática inspiradora, e não opressiva?

Base conceitual:
Capítulo 4 – Os três pilares da liderança
Capítulo 4 – Conselho nº. 13: Aposte no time

O FATOR HUMANO NO SUCESSO DA BRIDGEWATER[21]

Os 20 pontos de reflexão destacam a importância do Fator Humano na cultura de transparência radical da Bridegwater, enfatizando que, para seu sucesso, essa cultura depende de elementos humanos e emocionais que a tecnologia, sozinha, não consegue assegurar. Aqui estão alguns pontos que ajudam a estruturar essa explicação:

1. **Confiança e Relacionamentos Interpessoais:** A transparência radical só pode prosperar em um ambiente onde a confiança entre colegas e entre níveis hierárquicos seja sólida. A confiança é construída por meio de interações humanas autênticas e pela segurança psicológica – algo que a tecnologia pode facilitar, mas não pode gerar. Na Bridgewater, a confiança incentiva as pessoas a compartilhar opiniões sinceras e receber feedback constante sem medo.

2. **Maturidade Emocional e Cultura de Crescimento:** A tecnologia fornece feedback constante e avaliações em tempo real, mas as pessoas precisam ter maturidade emocional para processar e responder de forma construtiva. Essa maturidade envolve resiliência e autoconsciência, que são fatores humanos fundamentais para lidar com as críticas e utilizá-las como uma

---

21 O conteúdo aqui apresentado foi produzido através da discussão do caso Bridgewater com executivos. Posteriormente houve interação com LLM (Large Language Models).

oportunidade de crescimento. Sem o preparo emocional, o feedback pode ser desgastante e até mesmo contraproducente.

3. **Autoconhecimento e autonomia:** Em um ambiente de transparência radical, é essencial que os colaboradores saibam quem são e reconheçam seus pontos fortes e limitações. O autoconhecimento os ajuda a responder de maneira equilibrada ao feedback e a fazer ajustes significativos em seu comportamento. A tecnologia não consegue substituir essa capacidade de introspecção, que depende exclusivamente dos colaboradores.

4. **Diversidade de perspectivas e interpretação de dados:** Embora o sistema de Bridgewater colete e organize dados sobre o desempenho, a interpretação final desses dados exige julgamento humano. Decisões complexas, especialmente aquelas que envolvem contextos ou nuances individuais, dependem de uma avaliação qualitativa que só os colaboradores conseguem fornecer. Além disso, a diversidade de perspectivas e o respeito às diferenças de opinião fortalecem a equipe e ajudam a evitar uma mentalidade de conformidade.

5. **Engajamento e compromisso com os valores organizacionais:** A tecnologia não gera, por si só, engajamento ou compromisso com a cultura de transparência radical. Esses elementos vêm do alinhamento entre os valores dos indivíduos e os valores organizacionais. Na Bridgewater, a adesão genuína aos valores de transparência e meritocracia vem de um desejo dos colaboradores de fazer parte de uma cultura que valoriza a verdade e o crescimento.

Esses pontos reforçam que a tecnologia é uma ferramenta que pode facilitar a transparência radical, mas o sucesso da Bridgewater é sustentado por fatores humanos que não podem ser replicados. A força da empresa está em combinar tecnologia com a habilidade dos colaboradores de usar essas ferramentas de forma alinhada com os valores da organização, cultivando um ambiente de confiança, crescimento e responsabilidade.

BIBLIOGRAFIA

FILOSOFIA

ABBÀ, G. *Felicidad, vida buena y virtud*. Barcelona: EUNSA, 1992.

ARISTÓTELES. *Ética a nicômaco*. São Paulo: Martin Claret, 2015.

ARISTÓTELES. *De anima*. São Paulo: Edipro, 2011.

BALMES, J. *El critério*. Paperback, Nabu Press, 2012.

HOBBES, T. *Leviatã*. São Paulo: Martin Claret, 2014.

KIERKEGAARD, S. *O desespero humano: Doença até a morte*. São Paulo: Editora Unesp, 2010.

LENNOX, J. *Can science explain everything?* Charlotte: The Good Book Company, 2019.

LENNOX, J. *2084: Artificial intelligence and the future of humanity*. Michigan: Zondervan, 2020.

MACINTYRE, A. *After virtue*. Indiana: University of Notre Dame Press, 2007.

NIETZSCHE, F. *Assim falou Zaratustra*. São Paulo: Pé Da Letra, 2021.

PLATÃO. *Apologia de Sócrates*. Porto Alegre: L&PM, 2008.

SÊNECA. *Edificar-se para a morte*: *Das cartas morais a Lucílio*. Petrópolis: Editora Vozes, 2016.

SCRUTON, R. *Beauty*. Nova York: Oxford University Press, 2009.

SMITH, A. *The theory of moral sentiments*. Nova York: Clarendon Press, 1997.

WERNER, J. *Paideia*: *A formação do homem grego*. São Paulo: Martins Fontes, 2013.

INTELIGÊNCIA ARTIFICIAL

MANZOTTI, R. *IO & AI: Mente cervello & GPT*. Soveria Mannelli: Rubbettino Editore, 2023.

MANZOTTI, R. *The spread mind: Why Consciousness and the World Are One*. Nova York: OR Books, 2017.

MANZOTTI, R.; CHELLA, A. *Artificial consciousness*. Exeter: Imprint Academic, 2007.

RUSSELL, S. *Human compatible: Artificial Intelligence and the problem of control*. Londres: Penguin Books, 2020.

RUSSELL, S. *Inteligência artificial a nosso favor*: *Como manter o controle sobre a tecnologia*. São Paulo: Companhia das Letras, 2021.

MANAGEMENT AND LEADERSHIP

CATMULL, E.; WALLACE, A. *Creativity, Inc:* Overcoming the unseen forces that stand in the way of true inspiration. Nova York: Random House, 2014.

CIFUENTES, C. L. *Formación de la inteligência, la voluntad y el caráter.* Cidade do México: Editorial Trillas, 2012.

CIFUENTES, C. L. *Las formas actuales de la libertad*. Cidade do México: Editorial Trillas, 2002.

DAUGHERTY, P.; WILSON, H. J. *Human + machine:* Reimagining work in the age of AI. Massachusetts: Harvard Business Review Press, 2018.

IBARRA, H. *Act like a leader, think like a leader.* Massachusetts: Harvard Business School Press, 2015.

LÓPEZ, J. A. P. *Introducción a la dirección de empresa*: Las decisiones de gobierno. Lima: PAD, 2009.

LÓPEZ, J. A. P. *Teoría de la acción humana em las organizaciones*: La acción personal. Madri: Ediciones Rialp, S.A., 1991.

O'NEIL, C. *Algoritmos de destruição em massa*. São Paulo: Editora Rua do Sabão, 2021.

RAMASWAMY, V. *Woke, Inc.:* Inside corporate america's social justice scam. Nova York: Center Street, 2021.

RUSHKOFF, D. *Throwing rocks at google bus:* How growth became the enemy of prosperity. Recife: Portfolio, 2017.

PSICOLOGIA

CHAMORRO-PREMIZIC, T. *I, human:* AI, automation, and the quest to reclaim what makes us unique. Massachusetts: Harvard Business Review Press, 2023.

FRANKL, V. *Em busca de sentido.* Petrópolis: Editora Vozes, 2009.

GARDNER, H. *Frames of mind:* The theory of multiple intelligences. Nova York: Basic Books, 2011.

LEMBKE, A. *Dopamine nation.* Massachusetts: Dutton, 2021.

LUSTIG, R. H. *The hacking of the american mind.* Nova York: Avery, 2017.

PARKS, T. *Out of my head:* On the trail of consciousness. Nova York: Random House, 2019.

PSICOLOGIA ORGANIZACIONAL

GRANT, A. *Originals: How non-conformists move the world.* Nova York: Viking, 2017.

GRANT, A. *Think again: The power of knowing what you don't know.* Nova York: Viking, 2021.

PSICOLOGIA POSITIVA

CLEAR, J. *Atomic habits: An easy & proven way to build good habits & break bad ones.* Nova York: Avery, 2018.

CSIKSZENTMIHALYI, M. *Finding flow: The psychology of engagement with everyday life.* Nova York: Basic Books, 1998.

CSIKSZENTMIHALYI, M. *Flow: The psychology of optimal experience.* Nova York: Harper Perennial Modern Classics, 2008.

DWECK, C. S. *Mindset.* Londres: Robinson, 2017.

PETERSON, J. *12 rules for life: An antidote to chaos.* Toronto: Random House Canada, 2018.

RAUCH, J. *The happiness curve: Why life gets better after midlife.* Newnan: Green Tree, 2019.

SCOTT, S. J. *Habit stacking: 127 small changes to improve your health, wealth, and happiness.* Alexandria: Old Town Publishing LLC, 2017.

SELIGMAN, E. P. M. *Fourish: A new understanding of happiness and well-being – and how to achieve them.* Boston: Nicholas Brealey Publishing, 2011.

SELIGMAN, M. E. P. *The hope circuit: A psychologist's journey from helplessness to optimism.* Nova York: Public Affairs, 2018.

SOCIOLOGIA

ZYGMUNT, B. *44 cartas do mundo líquido moderno.* Rio de Janeiro: Zahar, 2011.

ZYGMUNT, B. *Amor líquido.* Rio de Janeiro: Zahar, 2004.

ZYGMUNT, B. *Modernidade líquida.* Rio de Janeiro: Zahar, 2001.

www.dvseditora.com.br
Impressão e Acabamento | Gráfica Viena
Todo papel desta obra possui certificação FSC® do fabricante.
Produzido conforme melhores práticas de gestão ambiental (ISO 14001)
www.graficaviena.com.br